KB006854

한 권으로 끝내는 재무제표 읽기

실전편

일러두기

1. 이 책에 게재된 정보는 일본 기준이며, 한국의 상황과는 맞지 않을 수 있습니다.

2. 이 책은 별도의 각주나 표시가 있는 경우를 제외하고, 2022년 4월 집필 당시 정보를 참고하였습니다. 이 책에서 소개한 기업명, 제품명은 각 회사가 권리를 보유하는 상표등록 또는 상표입니다. 또한 이 책에서는 TM 마크(상표권)는 생략하였습니다. 각 회사의 상품명 및 서비스 내용 등은 예고 없이 변경될 가능성이 있습니다.

3. 일본에서 사용하는 회계 용어는 대체할 수 있는 국내 용어로 다음과 같이 번역하였습니다.

　　고정부채 → 비유동부채

　　고정자산 → 비유동자산

　　대차대조표 → 재무상태표

　　순자산 → 자본

　　유형고정자산 → 유형자산

　　무형고정자산 → 무형자산

한 권으로 끝내는

재무제표 읽기

실전편

금융가의 방랑자 지음 | 와카루 그림 | 박세미 옮김

시그마북스
Sigma Books

한 권으로 끝내는 재무제표 읽기 : 실전편

발행일 2023년 11월 10일 초판 1쇄 발행

지은이 금융가의 방랑자

그린이 와카루

옮긴이 박세미

발행인 강학경

발행처 시그마북스

마케팅 정제용

에디터 최연정, 최윤정, 양수진

디자인 강경희, 김문배

등록번호 제10-965호

주소 서울특별시 영등포구 양평로 22길 21 선유도코오롱디지털타워 A402호

전자우편 sigmabooks@spress.co.kr

홈페이지 http://www.sigmabooks.co.kr

전화 (02) 2062-5288~9

팩시밀리 (02) 323-4197

ISBN 979-11-6862-181-7 (03320)

[図版制作] 江村隆児(エムラデザイン事務所)、四国写研、鈴木かおり、次葉、デジカル

KAIKEI QUIZ O TOKU DAKE DE ZAIMU 3 PYO GA WAKARU

SEKAI ICHI TANOSHII KESSANSHO NO YOMIKATA ［JISSEN HEN］

ⓒ OTE_WALK 2022

First published in Japan in 2022 by KADOKAWA CORPORATION, Tokyo.

Korean translation rights arranged with KADOKAWA CORPORATION, Tokyo through ENTERS KOREA CO., LTD.

이 책의 한국어판 저작권은 ㈜엔터스코리아를 통해 저작권자와 독점 계약한 **시그마북스**에 있습니다.

저작권법에 의하여 한국 내에서 보호를 받는 저작물이므로 무단전재와 무단복제를 금합니다.

파본은 구매하신 서점에서 교환해드립니다.

* **시그마북스**는 ㈜**시그마프레스**의 단행본 브랜드입니다.

재무제표의 매력은
실제 이익과 수수께끼를 푸는 재미, 그 자체!

많은 사람에게 친근해진 재무제표!

처음 뵙는 분들, 전작을 이미 읽어보신 분들 모두에게 인사드립니다. 저는 금융가의 방랑자라고 합니다.

2020년에 『한 권으로 끝내는 재무제표 읽기』를 출간한 지 어느덧 2년이 지났습니다. 예상을 훨씬 뛰어넘어 독자 여러분의 폭넓은 사랑을 받은 덕분에 일본에서 엄청난 판매량을 기록했는데, 작가인 저도 정말 상상조차 하지 못했을 정도로 놀랐습니다.

이 책은 『한 권으로 끝내는 재무제표 읽기』의 제2탄으로, '실전편'을 목표로 준비했습니다. 이전 책에서는 '덕분에 재무제표가 친근해졌다', '기업의 결산 정보에 흥미를 갖게 되었다'처럼 기뻐해주시는 분들이 많았지만, 막상 스스로 해보려고 해도 혼자서는 재무제표를 좀처럼 읽기 힘들다는 의견도 많았습니다.

> 재무제표의 의미나 구성, 숫자와 비즈니스를 연결하는 사고방식은 이해했지만 혼자 힘으로 해보려고 해도 어떻게 해야 할지 잘 모르겠어요.

이러한 문제를 해결하기 위해 후속편에 해당하는 이 책에서는 실제로 스스로 재무제표를 읽고 기업을 분석하고 싶을 때 어떤 식으로 접근하면 좋을지를 가능한 자세하게 설명해드리고자 합니다. 0장은 도입에 해당하는 동시에 복습 차원에서 준비했습니다. 전작을 읽지 않으신 분들은 물론, 이전에 다룬 내용을 희미하게 기억하시는 분들도 걱정하지 마시고 가볍게 읽어주세요.

재무제표를 읽으면 어떤 점이 좋을까?

재무제표에는 기업의 자세한 정보가 고스란히 공개되어 있습니다. 재무제표를 읽는 힘이 생기면 수천 개에 이르는 상장사의 자세한 정보를 무료로 열람할 수 있다는 점이 가장 중요합니다(2023년 9월 기준으로 한국의 총기업체 수는 약 350만 개이며, 그중 상장사는 1,645개다-옮긴이). 참고로 이 책에서는 편의상 '유가증권보고서', '재무3표', '결산자료', '결산단신', '결산설명회 자료', '적시공시' 등을 전부 한꺼번에 '재무제표'라 합니다. 특별히 언급할 필요가 있을 때는 어떠한 자료를 참고했는지 기재했습니다만, 이 책에서는 기업의 IR 정보로 제출된 자료를 가리켜 '재무제표'라 부른다는 점을 참고해주세요(일본의 '유가증권보고서'는 한국에서는 '사업보고서', '증권보고서'로 기재하며 '결산단신' 등은 '공시' 등으로 표현한다. 이 책에서 일본의 '유가증권보고서'는 원문을 따랐다-옮긴이).

● **재무제표는 정보의 바다** ···

기업의 재무제표

실적 정보   임직원 정보   자산 정보

사업 구조   비즈니스 모델   거래처 정보

그렇군요! 저도 재무제표를 제대로 읽고 싶은데, 애초에 재무제표를 읽는다는 건 어떤 상태를 말하나요?

재무제표를 읽는다는 뜻은?

재무제표를 읽는다는 뜻은 사실 사람마다 정의나 해석이 달라서 상당히 애매한 표현이기도 합니다. 예를 들어 결산자료를 보고 매출이 어디에 적혀 있는지 아는 수준을 '읽는다'라고 표현하는 사람도 있습니다.

이 책에서는 '재무제표를 보고 스스로 유용한 메시지를 만들 수 있는 상태'를 재무제표를 읽을 수 있다고 정의합니다. 이 책을 다 읽고 난 후 여러분들의 최종 목표이기도 합니다.

의미가 넓어서 사람에 따라 정의가 제각각

 메시지를 만들어낸다니 구체적으로 어떤 상태를 가리키는 건가요?

여러분이 다니는 회사에는 내년도 경영계획이나 신규 사업 프레젠테이션처럼 숫자를 바탕으로 설득력 있는 자료를 정리하는 사람이 있을 겁니다. 이런 사람들은 각 부문의 수익, 비용, 이익 등 상황을 눈으로 확인할 뿐만 아니라, 자사나 경쟁사의 재무제표를 분석하기도 하고, 해외의 동종업계 정보도 확인합니다. 그뿐만 아니라 다른 회사의 사례를 토대로 우리 회사에서는 어떠한 행동이 필요한지 자료에 넣기도 합니다. 즉 스스로 정보를 해석해서 다음 행동을 하기 위한 메시지를 만들 수 있는 상태라고 할 수 있습니다.

예를 들어 취업준비생이라면 특정 회사에 입사원서를 낼 때 가장 중요한 지원동기를 작성하는 데 도움이 되기도 하고, 그 회사에서 내가 어떤 일을 할 수 있을지 같은 정보를 찾을 수 있습니다. 기업의 재무제표를 확인하면 해당 기업에 취직을 고려할 때 판단에 필요한 정보를 모을 수 있는데, 회사의 장래성을 알아보거나 서류 또는 면접에 유용한 정보를 얻을 수도 있습니다.

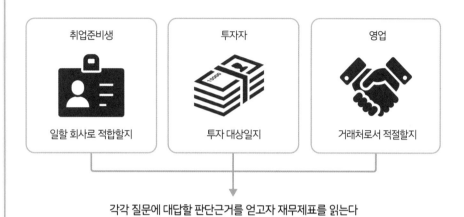

각각 질문에 대답할 판단근거를 얻고자 재무제표를 읽는다

영업 담당이라면 특정 회사가 거래처로 적합할지 고민할 수 있고, 투자자라면 그 회사가 투자 대상으로 적합할지 판단하고자 재무제표를 읽습니다. '메시지를 만든다'라는 뜻은 재무제표를 읽고 적절한 판단을 내리면서 여러가지 질문에 대답하고 판단재료를 얻을 수 있는 상태를 뜻합니다. 그러려면 단순히 매출이나 이익이 얼마인지 확인하거나 손익계산서의 구성을 확인하는 수준으로는 진정한 의미에서 재무제표를 읽을 수 있다고 볼 수 없습니다.

읽지 못하는 상태

오, 이익률이 높네!
유동비율과 고정비율은 낮고!

그건 그냥 보면 알죠. 그런데
저는 어떻게 하면 좋을까요?

재무제표

재무제표에 기재된 정보를 확인하기만 해서는
재무제표를 제대로 읽는다고 볼 수 없다.

읽을 수 있는 상태

투자 상황이나 임직원 추이를 통해
어느 사업에 힘을 쏟는다는 사실을 알겠어.
앞으로는 이쪽이 유망하겠네.

그렇구나! 취직할
회사 후보에도 넣어둘게요!

재무제표

재무제표를 읽는 것 자체가 목적이 될 수는 없고,
누구에게나 각각의 목적이 있다. 목적을 달성하기 위해서
재무제표에서 메시지를 찾아서 만들어내는 과정이 중요하다.

필요한 기술은 무엇일까?

재무제표를 읽기 위해서는 크게 세 가지 기술이 필요합니다. 첫 번째는 기초 회계 지식, 또 하나는 비즈니스 지식입니다. 그리고 마지막으로 정보를 수집하는 지식입니다. 이렇게 세 가지가 모이면 재무제표를 읽을 수 있는 상태에 가까워집니다.

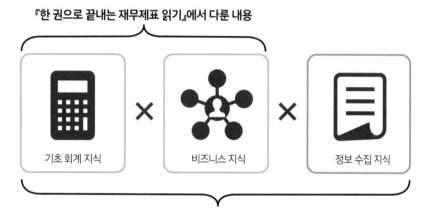

첫 번째 '기초 회계 지식'은 재무제표의 의미나 역할, 구성을 이해하는 상태입니다. 기술이라기보다는 지식에 가깝습니다. 손익계산서란 무엇인지, 어떤 구조로 되어 있는지, 어떤 수치가 기록되어 있는지 등 회계의 기초 지식을 알고 있는지가 중요합니다.

두 번째로 '비즈니스 지식'은 특정 회사가 어떠한 비즈니스 모델이 있는지, 어디서 어떻게 돈을 벌고 어떤 가치를 고객에게 제공하는지에 관한 비즈니스의 기초 지식을 뜻합니다.

세 번째로 '정보 수집 지식'은 특정 정보를 알아보고자 할 때 어디에 어느 정보가 기재되어 있는지를 알고 있는 상태를 뜻합니다.

전작인 『한 권으로 끝내는 재무제표 읽기』에서는 주로 기초 회계지식과 비즈니스 지식, 두 가지 부분을 중심으로 설명을 드렸습니다. 이 책에서는 이에 더해 어떠한 정보를 어떻게 모으면 좋을지, 즉 '정보 수집 지식'을 갖춰서 실제로 혼자 힘으로 기업을 알아보고 재무제표를 읽을 수 있는 상태를 목표로 정했습니다.

인터넷과 웹서비스가 발달한 덕분에 누구나 손쉽게 무료로 재무제표를 볼 수 있는 시대가 되었습니다. 하지만 이렇게 정보에 접근할 수 있는데도 재무제표에 기록된 정보를 이용하지 못한다면 무척 아깝지 않을까요?

이 책은 진정한 의미에서 수천 개에 이르는 상장회사들의 자세한 정보에 접근할 수 있는 다리 역할을 하고 싶습니다. 재무제표는 읽기 어렵다고 생각하시는 분들이 많겠지만, 이 책을 통해서 재무제표를 읽고 숨겨진 의미를 찾는 재미까지 전달할 수 있다면 저자로서 이보다 더 기쁜 일은 없겠지요.

2022년 5월
금융가의 방랑자

차례

Chapter 3   경쟁사 비교분석을 해보자

Chapter 4   실전 사례별로 재무제표를 분석해보자

Extra   재무제표의 지도

등장인물 소개

회계곰이 개최하는 회계 퀴즈 스터디에 찾아온 개성 넘치는 멤버 네 명. 서로 지식의 깊이도 다르고 회계를 공부하고 싶은 동기도 제각각! 과연 어떤 스터디 모임이 될까?

회계곰(금융가의 방랑자)

트위터나 인스타그램 같은 SNS에서 실제 기업의 재무제표를 소재로 회계 퀴즈를 올리는 수수께끼의 곰이다. 회계와 기업 비즈니스를 연결 지어 분석하는 일을 무척 좋아해서, 재미있는 문제를 내고 해설한다.

학생

취업을 앞둔 대학교 3학년생이다. 취업을 위한 자격증을 목표로 삼고 기업의 IR 정보나 재무제표를 찾아보면서 열심히 공부 중이다. 비즈니스는 잘 모르지만 젊은 세대답게 최신 서비스 트렌드에는 밝다. 다만 감은 상당히 떨어지는 편!

대기업의 영업직 대리

공채로 입사한 후 어느 정도 연차가 쌓였다. 현장 경험 덕분에 자사 상품과 업계 지식은 풍부하지만, 경영이나 회계 쪽은 잘 모르는 내용이 많다 보니 공부가 필요하다고 느낀다. 언젠가 관리직으로 일할 날을 꿈꾸며 조금 더 전문적인 지식을 얻고 싶어 한다.

전업 투자자

회계 퀴즈가 화제라는 이야기를 듣고 스터디에 참가했다. 주로 주식으로 생계를 꾸려나가는 전업 투자자이며, 기업의 비즈니스 구조를 가장 잘 이해하면서 다양한 의견을 덧붙이고 요점을 정리하는 듬직한 존재이다.

은행원

공채로 은행에 입사한 후 은행원으로 외길을 걸었다. 참가자 중에서 숫자를 읽는 일에 가장 뛰어나다. 하지만 한층 더 나아가 재무제표와 비즈니스를 연결하고 싶어 스터디에 참가했다. 성실하게 한 우물을 파는 성격이다.

Chapter 0

〜〜〜〜〜〜〜〜〜

먼저, 재무제표를 파악하자

1 손익계산서란?

이번 장에서는 재무제표의 기본적인 내용을 파악합니다. 그러므로 이미 재무제표에 대해서 어느 정도 알고 있다면 1장부터 읽어도 좋습니다. 0장의 테마 2, 4, 6에는 구글 등을 다룬 새로운 회계 퀴즈를 준비했으니 관심 있는 분들은 퀴즈만 풀어봐도 좋아요. 그럼 시작해봅시다.

회계와 재무제표 요약

회계가 무엇인지 아시나요? 회계는 영어로 accounting(account=보고하다)이라고 하는데, '기업의 경영성적이나 재정상태를 기업 관계자들에게 보고한다'라는 것이 회계의 본질적인 의미입니다.

보고를 하려면 기업의 거래를 '금액'이라는 통일된 단위로 변환하면서 기업의 상태를 가시화해서 비교할 수 있도록 해야 합니다. 이때 사용하는 대표적인 보고 수단이 재무제표로, 보통 (1)재무상태표(B/S), (2)손익계산서(P/L), (3)현금흐름표(C/S), 세 가지로 구성됩니다.

그럼 우선 손익계산서에 대해 가볍게 확인해봅시다.

손익계산서란 무엇일까?

손익계산서(P/L, Profit & Loss Statement)의 역할은 '기업의 경영성적을 보고'하는 것입

- 어느 정도 이익이 나왔는지 전반적인 회사의 성적을 나타낸다.
- 매출을 만들기 위해서 사용한 비용의 상황을 나타낸다.

니다. 수익과 비용을 비교해서 이익이 얼마나 나왔는지 표시하는 '기업의 성적표'이기도 하고, '매출이나 이익을 내기 위해 비용을 얼마나 사용했는가'와 같은 기업의 전략을 읽을 수도 있습니다. 그럼 손익계산서가 어떤 요소로 구성되어 있는지 〈손익계산서 구성〉 도표를 살펴볼까요. 이 책에서는 수익은 파란색, 비용은 주황색, 이익은 초록색(손실은 빨간색)으로 표시했습니다.

 손익계산서의 구성요소는 수익, 비용, 이익, 세 가지였죠.

① 수익이란

우선 수익부터 살펴봅시다. 수익이란 회사의 이익을 증가시키는 요인으로, 대표적인 수익 계정으로는 '매출'이 있습니다. 기본적으로 기업은 상품을 판매해서 대가로 돈을 받으므로 수익에는 매출이 포함됩니다. 그 외에도 돈을 빌려준 대가로 받는 수취이자 등도 수익으로 분류합니다.

② 비용이란

비용이란 '회사의 이익을 감소시키는 요인'을 뜻합니다. 어떤 느낌인지 떠올리기 어렵다면 '수익을 내기 위해 발생한 비용'이라고 생각해주세요. 예를 들어 더 많은 매출을 만들어내기 위해 광고홍보 활동을 했다면, 광고에 사용한 돈을 '비용'으로 처

● 수익이란

● 비용이란

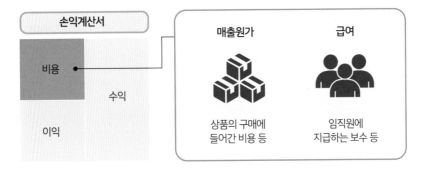

● 이익이란

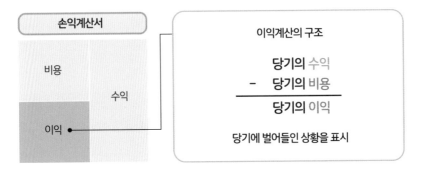

리합니다. 대표적인 비용 계정으로는 판매한 상품의 원가인 '매출원가'나 임직원에 지급하는 보수를 뜻하는 '급여' 등이 있습니다.

③ 이익이란

마지막으로 이익은 '수익에서 비용을 제외한 나머지 부분'을 뜻합니다. 손익계산서에 기재된 이익은 당기에 벌어들인 금액을 뜻합니다. 여기까지가 손익계산서를 구성하는 세 가지 요소입니다.

기억해야 할 계정

수익, 비용 계정을 더 자세하게 들여다보겠습니다. 우선 '매출'과 '매출원가'입니다. 매출은 상품을 판매한 대가, 매출원가는 판매한 상품의 원가를 나타냅니다. 사과를 사들여 파는 회사라고 생각해봅시다. 이 회사에서 사과를 한 개 팔면 판매대금은 매출이 되고, 판매한 사과를 사들이는 데 필요한 금액은 매출원가에 해당합니다. 이것이 매출과 매출원가의 관계로, 일반적으로 이 둘은 1:1로 대응됩니다.

다음으로는 판매비 및 일반관리비(이하 판관비)라는 계정을 설명하겠습니다. 이는 상품을 판매하기 위해 간접적으로 발생한 비용을 뜻하는 계정입니다. 예를 들어 사과를 파는 회사라 가정할 때, 사과를 사들이기만 해서는 상품을 팔 수 없습니다. 사

● **매출과 매출원가란** ⋯⋯⋯⋯⋯⋯⋯⋯⋯⋯⋯⋯⋯⋯⋯⋯⋯⋯⋯⋯⋯⋯⋯⋯⋯⋯

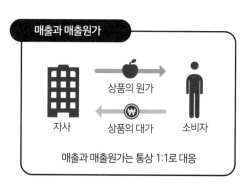

● 판관비란 ·····

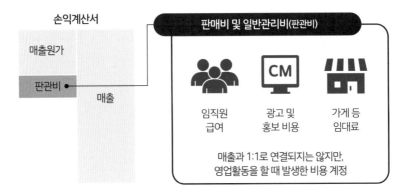

손익계산서

매출원가

판관비 — 매출

판매비 및 일반관리비(판관비)

임직원
급여

광고 및
홍보 비용

가게 등
임대료

매출과 1:1로 연결되지는 않지만,
영업활동을 할 때 발생한 비용 계정

과를 알리는 광고와 홍보를 하고, 상품을 판매하기 위한 가게를 빌리거나, 판매를 담당하는 직원을 채용해야 합니다. 이렇게 상품을 판매하기 위해 발생하는 비용은 판관비로 분류됩니다.

그다음 영업외손익입니다. 본업인 영업활동 이외에 기간마다 계속하여 발생한 항목이 해당합니다. 예를 들어 부업인 주식투자로 얻은 이익이나 비용이 해당합니다. 본업으로 사과를 파는 회사가 부업인 주식투자로 크게 돈을 벌었다면 주식투자 수익은 본업에서 발생한 매출이 아니므로 영업외수익 항목으로 분류됩니다. 이처럼 본업과 그 외로 나눠야 기업 관계자들이 가장 관심이 높은 본업의 영업성적을 정확하게 보고할 수 있습니다. 그리고 차입금 이자처럼 본업의 사업 실적과는 직접 관련이 없지만 회계 기간마다 계속해서 발생하는 항목이 여기에 해당합니다.

다음으로는 특별손익 계정입니다. 자주 발생하지 않는 특별한 사건으로 발생한 항목은 특별손익 계정으로 분류합니다. 예를 들어 어느 회사의 공장에서 화재가 발생했다고 가정합시다. 화재는 정기적으로 발생하지 않으며 임시적으로 특별히 일어난 사건입니다. 따라서 화재와 관련된 손실은 특별손실 계정으로 분류합니다. 그 외에 사업매각 등에 관한 손익도 일반적으로는 특별손익 계정으로 분류합니다.

마지막으로 기업이 벌어들인 이익에 대해 부과되는 세금 등을 제외하면 기업이 실제로 손에 쥐는 이익을 확인할 수 있습니다.

● **영업외손익이란** ....

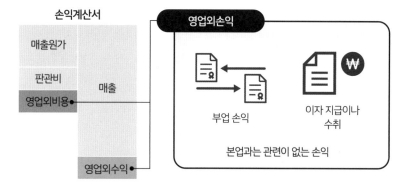

● **특별손익이란** ....

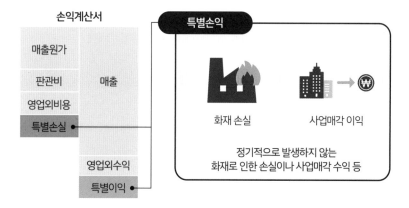

● **세금이란** ....

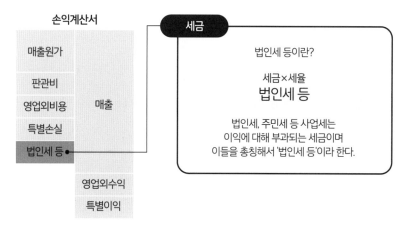

● 이익의 종류

손익계산서에는 다양한 이익이 표시되어 있습니다.
각각 어떤 것을 의미하는지 표시된 순서대로 살펴봅시다.

(매출총이익)   (영업이익)

(경상이익)   (세전 당기순이익)   (당기순이익)

● 손익계산서의 종류별 이익 정리

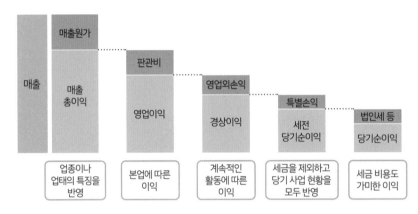

업종이나 업태의 특징을 반영	본업에 따른 이익	계속적인 활동에 따른 이익	세금을 제외하고 당기 사업 현황을 모두 반영	세금 비용도 가미한 이익

● 손익계산서 정리

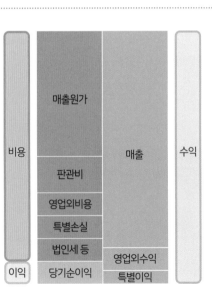

- 어느 정도 이익이 나왔는지 등 회사의 성적을 나타낸다.
- 매출을 올리기 위해서 사용한 비용 상황을 나타낸다.

손익계산서의 5가지 이익이란?

마지막으로 이익에 대해 간단하게 설명하겠습니다.

우선 매출에서 매출원가를 제한 것을 '(1)매출총이익'이라고 합니다. 이른바 상품이나 서비스가 얼마나 강력한지 나타내는 이익입니다. 여기서 판관비를 제한 이익은 '(2)영업이익'이라고 합니다. 영업이익은 비즈니스 모델, 즉 사업 자체의 힘을 나타냅니다. 여기에 영업외손익 계정을 고려한 이익을 '(3)경상이익'이라고 합니다. 이는 본업과 본업 이외를 합쳐서 분기마다 계속해서 발생이 예상되는 이익입니다. 경제신문 등에 자주 등장하는 이익이기도 합니다.

여기에 특별손익계정을 고려해서 나온 이익이 '(4)세전당기순이익'입니다. 세금이 부과되기 전 당기의 모든 사건이 반영된 이익을 뜻합니다. 여기서 법인세 등을 제외하면 '(5)당기순이익'이라는 형태로 최종적으로 기업의 손에 남는 이익이 나타납니다.

[IT/광고]

손익계산서에 나타난 비즈니스 모델의 차이점을 파악하자

같은 광고 비즈니스 모델이라도 수익 구조가 다르다

손익계산서를 더욱 깊게 이해하기 위해 우선 간단한 퀴즈에 도전해볼까요? 이번 퀴즈는 구글을 운영하는 Alphabet(이하 알파벳)과 페이스북을 운영하는 Meta Platforms(이하 메타)를 비교하는 문제입니다. 같은 광고사업을 운영하는 회사들이지만, 사실 비용 구조는 서로 다르다는 점을 중점적으로 살펴봅시다.

Q 구글로 유명한 알파벳의 손익계산서는 다음 중 어느 쪽일까요?

※ 알파벳과 메타의 2020년 4분기 Form 10-K(Form 10-K는 미국의 공시자료로, 한국의 사업보고서와 동일-옮긴이)를 바탕으로 작성

이번 장에서 다룰 기업

● **알파벳(Alphabet)**
구글을 중심으로 하는 사업을 운영하는 회사이다.

● **메타(Meta Platforms, 구 페이스북)**
페이스북이나 인스타그램 등의 SNS를 운영하는 기업이다.

어느 쪽이 구글을 운영하는 알파벳의 손익계산서인지 알겠어요?

 언뜻 보니 매출원가 크기와 영업이익 크기가 다르네요.

 둘 다 광고매출이 주 매출원인 IT 기업인데, 이렇게까지 매출원가에서 차이가 나는 이유는 광고 이외의 사업 분야가 서로 다르기 때문일까요?

 메타는 VR 체험을 할 수 있는 고글도 개발하고 있고, 최근에 자주 듣는 메타버스 등이 유명하죠. 알파벳은 자율주행 자동차를 개발하고 있고요.

 그렇죠, 두 회사 모두 광고 이외의 사업을 하고 있어요. 하지만 두 회사의 매출 중 70% 이상은 광고 수입으로 구성되어 있어요. 그러므로 비용 구조가 다른 이유는 광고사업의 비즈니스 모델이 서로 다른 영향이 커요.

 알파벳의 주력 사업은 구글 이외에도 유튜브가 있지 않나요?

 아, 혹시 크리에이터에게 지급하는 리워드가 매출원가로 잡히는 걸까요? 예를 들어 유튜브 광고수익은 동영상을 올린 사람에게 일정 비율로 돌아가잖아요. 그 외에는 유튜브는 아니지만 블로거들이 구글 애드센스를 활용해서 돈을 번다는 얘기는 자주 들었어요.

 잘 생각해보면 메타가 운영하는 페이스북에는 그런 식으로 이용자들이 보상을 얻는 구조는 별로 없는 것 같네요. 순수한 광고 매체만으로 돈을 버는 SNS라는 느낌이 강해요.

 같은 메타 소속인 인스타그램도 이용자들이 개별적으로 기업에서 돈을 받고 홍보를 하지만, 메타에서 따로 보상을 받는다는 이야기는 거의 들어보지 못했어요. 그럼 ①번이 알파벳일까요?

 정답! ①번이 알파벳입니다.

알파벳
2020년 12월기
연결손익계산서

매출원가 46%	매출 100%
연구개발비 15%	
그 외 판관비 16%	
영업이익 23%	

페이스북 (현 Meta)
2020년 12월기
연결손익계산서

매출원가 20%	매출 100%
연구개발비 21%	
그 외 판관비 21%	
영업이익 38%	

①번이 알파벳이었습니다. 두 회사의 매출원가 내역을 살펴보면 두 회사 모두 광고 수입이 주요 사업임에도 불구하고 비용 구조가 다르다는 사실을 알 수 있습니다.

● **매출원가 내역**

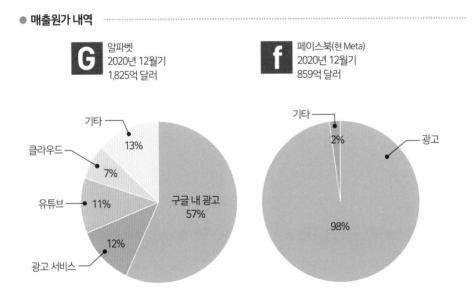

G 알파벳
2020년 12월기
1,825억 달러

기타 13%
클라우드 7%
유튜브 11%
광고 서비스 12%
구글 내 광고 57%

f 페이스북(현 Meta)
2020년 12월기
859억 달러

기타 2%
광고 98%

구글의 광고 비즈니스

구글의 매출원가 내역을 살펴보면 구글 이용자를 늘리기 위해 제3자인 브라우저 제공자나 구글 네트워크를 이용하는 파트너 기업에 지급하는 비용이 포함되어 있습니다. 콘텐츠 조회수에 따라 유튜버나 블로거에게 지급하는 보수도 매출원가에 포함한다는 사실을 알 수 있습니다. 그러므로 구글의 광고사업은 비교적 매출원가가 늘어나기 쉽습니다.

● **구글의 광고 비즈니스** ·····

매출원가 대부분은 블로거나 유튜버가 올리는 콘텐츠의 조회수에 따른 보수로 구성된다. 구글은 기업에 광고 영역을 제공해 매출을 올린다.

● **메타의 광고 비즈니스** ·····

페이스북이나 인스타그램 회원을 늘려서 기업으로부터 광고 수입을 얻고, 광고 영역을 제공하는 비즈니스 모델이다. 회원 수가 많을수록 매력적인 플랫폼이 된다.

같은 광고 비즈니스를 하지만 어째서 원가율이 25%가량 차이가 나는지 살펴보니, 사실 두 회사의 비즈니스 모델은 서로 다르다는 점을 재무제표를 통해 알 수 있습니다.

 평소에는 쉽게 깨닫기 어려운 비즈니스 모델이지만, 재무제표를 통해서 명확하게 알 수 있지요.

3

재무상태표란?

정말 간단한 재무상태표

이제 재무상태표(B/S, Balance Sheet)를 살펴봅시다. 이 부분은 무척 간단한데, 자산, 부채, 자본으로 구성됩니다.

재무상태표는 오른쪽에서 왼쪽으로 돈이 흐른다

재무상태표는 회사에 존재하는 재산의 상태를 나타낼 뿐만 아니라 회사의 자금조달과 운용상황을 나타내기도 합니다. 재무상태표에서는 은행에서 빌린 차입금 등 '상환이 필요한 돈'은 부채에 기록하고, 주주로부터 조달한 금액 등 '상환이 불필요한 돈'은 자본에 기재합니다. 그리고 이러한 수단을 통해 조달한 돈을 어떤 형태로 운용하고 있는지 자산(공장 설비투자나 제조한 상품 같은 회사의 재산)에 기재합니다. 그러므로 회사의 돈이 어떻게 흐르고 있는지 살펴보면 기업의 경영에 얽힌 이야기를 짐

● **재무상태표란** ⋯⋯⋯⋯⋯⋯⋯⋯⋯⋯⋯⋯⋯⋯⋯⋯⋯⋯⋯⋯⋯⋯⋯⋯⋯⋯⋯⋯⋯⋯

- 회사에 존재하는 재산의 상태를 나타낸다.
- 회사 자금의 조달과 운용 상황을 나타낸다

● **돈의 흐름은 오른쪽에서 왼쪽으로**

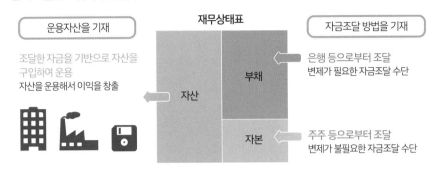

재무상태표

| 운용자산을 기재 | | 자금조달 방법을 기재 |

조달한 자금을 기반으로 자산을 구입하여 운용
자산을 운용해서 이익을 창출

자산

부채

은행 등으로부터 조달
변제가 필요한 자금조달 수단

자본

주주 등으로부터 조달
변제가 불필요한 자금조달 수단

작할 수 있습니다.

그런데 왜 주주로부터 조달한 돈은 갚지 않아도 되는지 궁금하실 겁니다. 이는 많은 기업이 '주식회사'라는 형태로 회사를 운영하기 때문입니다. 주식회사는 주주가 출자한 돈을 바탕으로 경영활동을 하고 있는데, 회사 시점에서는 이러한 돈은 자기자금이라고 보기 때문에 상환하지 않아도 됩니다.

재무상태표 오른쪽에서 돈을 모아 왼쪽 자산으로 바꾸고, 이러한 자산을 사용해서 매출이나 이익을 만들어내는 것이 기업 비즈니스의 기본적인 사고방식입니다. 자금을 어떻게 조달했는지 기재하는 오른쪽 항목은 부채 및 자본이라는 계정으로 구성되어 있는데, 그렇게 조달한 자금을 어떻게 불려 나갈지는 자산 계정을 통해 알 수 있습니다. 이 예시에서는 조달한 자금을 바탕으로 자산을 사들이고, 운용하고 있다는 사실을 보여줍니다. 이것이 재무상태표에서 자금이 어떻게 흘러가는지 나타내는 전반적인 틀입니다.

다음은 재무상태표의 내역(구성요소)을 하나씩 살펴보겠습니다.

자산이란 무엇일까?

우선 '자산'부터 살펴봅시다. 자산은 말 그대로 회사가 보유한 재산을 나타냅니다. 이때 재산은 현금이나 건물, 토지 같은 눈에 보이는 유형자산뿐만 아니라 상표권

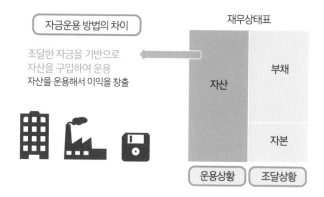

등 눈에 보이지 않는 무형자산도 포함됩니다.

일반적으로 자산은 '유동자산'과 '비유동자산' 같은 계정으로 나뉩니다.

 유동자산과 비유동자산의 차이는 무엇인가요?

● 유동자산과 비유동자산의 차이

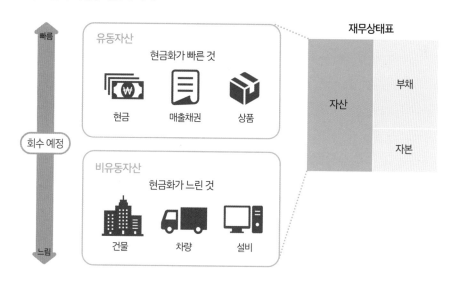

한마디로 표현하면 '현금화 속도'로 나눌 수 있습니다. 유동자산은 현금화가 빠른 항목입니다. 이미 현금 형태로 갖고 있으면 당연히 이에 해당하고, 매출채권 등 비교적 빠르게 현금화가 가능한 자산이나, 판매하면 단시간에 현금이 되는 상품도 유동자산에 포함됩니다. 이에 비해 비유동자산은 당장 현금으로 바꾸기 어려우면서 회사가 장기간 보유하는 항목이 포함됩니다. 예를 들면 건물이나 자동차, 회사의 설비 등이 해당합니다.

정리해봅시다. 재무상태표 왼쪽에 기재된 자산은 회사의 자금이 어떻게 사용(운용)되고 있는지를 나타냅니다. 자산에는 현금, 유가증권, 건물 및 토지 등 재산으로서 알기 쉬운 형태 외에도 눈에 보이지 않는 무형자산(상표권 등)이 포함됩니다.

부채란 무엇일까?

다음으로 살펴볼 항목은 '부채'입니다. 부채란 회사가 장래에 지급할 의무가 있는 것을 가리키는데, 자산과 마찬가지로 유동부채와 비유동부채로 구분합니다.

  부채란 뭔가요?

부채란 지급해야 하는 돈이나 돌려주어야 하는 돈을 뜻하는데, 타인자본이라고도 합니다. 대표적인 부채로는 차입금이 있습니다. 차입금은 빌리면 돌려줘야 하는 돈입니다. 그 외에 지급수표나 매입채무 등이 있습니다. 약속된 날에 돈을 지급해야 하므로 이들도 부채에 해당합니다.

앞서 부채도 유동부채와 비유동부채처럼 두 가지 계정으로 구분한다고 했는데, 자산과 마찬가지로 부채도 상환기한이 빠른지 느린지에 따라 나눌 수 있습니다. 예를 들어 1년 이내에 상환해야 하는 부채는 유동부채입니다. 단기간 빌린 차입금이나 매입채무와 같은 항목이 해당합니다. 한편 1년을 넘겨 계속해서 빌리는 돈은 비유동부채에 해당합니다. 비유동부채의 대표적인 예시로는 장기간에 걸친 차입금이

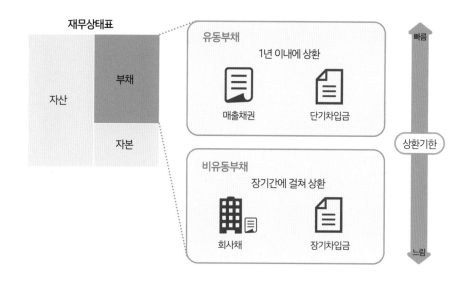

나 회사채 등이 있습니다. 기본적으로는 상환기한에 따라 나누면 됩니다.

자본이란 무엇일까?

마지막으로 자본에 대해서 살펴봅시다. 자본이란 앞에서 설명한 자산 총액에서 부채 총액을 제외한 나머지 부분을 말하는데, 크게 주주자본과 그 외 계정으로 표시됩니다. 특히 주주자본이 대부분을 차지하므로 현시점에서는 '자본 = 주주자본'이라고 이해해도 이 책을 읽는 데 큰 무리는 없습니다.

주주자본이란 주주가 회사에 낸 돈과 회사가 과거에 벌어들인 이익 중 회사에 남아있는 부분을 뜻합니다. 주로 자본금이나 자본잉여금, 그리고 이익잉여금 등으로 구성됩니다.

자본은 부채와는 달리 상환이 불필요한 계정으로 구성되어 있으므로, 일반적으로는 자본이 많으면 많을수록 회사의 안정성이 높아지는 편입니다. 그래서 재무제표를 볼 때 종종 자본이 얼마나 많은지를 보고 회사의 안정성을 확인하기도 합니다.

● **자본이란**

재무상태표

● **재무상태표 정리**

- 회사에 존재하는 재산의 상태를 나타낸다.
- 회사 자금의 조달과 운용 상황을 나타낸다.

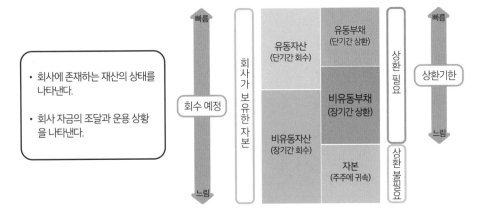

정리하면 재무상태표는 회사에 존재하는 재산의 상태를 나타낼 뿐만 아니라 회사의 자금조달과 운용상황을 표시하는 역할도 합니다. 그래서 재무상태표를 보면 회사에 어떤 자산과 부채가 있는지, 자본이 얼마큼 쌓여 있는지 확인할 수 있습니다.

4

[소매업]
대형 소매업종의
비즈니스 모델 차이를 파악하자

같은 업종이라도 돈 버는 법이 완전히 다르다

실제 재무상태표를 확인해봅시다. 이번에 다루는 기업은 일본 전역에서 패션 전문 빌딩 형태로 상업 시설을 운영하는 마루이 그룹(일본 전국에 걸쳐 대형 백화점 등을 운영하는 유통그룹으로, 신세계, 현대 백화점 등과 유사-옮긴이), 마찬가지로 일본 전역에서 백화점을 운영하는 미츠코시이세탄 홀딩스입니다. 두 회사 모두 대형 매장을 운영하는 기업이지만 재무상태표는 크게 다릅니다. 각각 비즈니스의 특징을 떠올리면서 어느 쪽이 마루이 그룹 재무상태표인지 생각해보세요.

Q 마루이 그룹의 재무상태표는 어느 쪽일까?

①  ②

※ 마루이 그룹 및 미츠코시이세탄 홀딩스의 2020년 4분기 유가증권보고서를 바탕으로 작성

이번 장에서 다룰 기업

● **마루이 그룹**
패션을 중심으로 하는 쇼핑몰 마루이와 신용카드 사업인 에포스 카드 등을 산하에 두는 기업이다.

● **미츠코시이세탄 홀딩스**
신주쿠, 긴자, 니혼바시 등 도쿄의 주요 지역에서 백화점을 운영한다.

이건 백화점을 경영하는 마루이 그룹과 미츠코시이세탄 홀딩스의 2020년 재무상태표를 비교한 거네요. 어느 쪽이 마루이 그룹인지 아시겠어요?

 같은 백화점 비즈니스인데도 재무상태표 형태가 상당히 다르네요.

 ①은 유동자산이 크지만 ②는 비유동자산이 크다는 점이 눈길을 끄네요.

 비유동자산은 건물이나 토지죠? 마루이와 미츠코시이세탄 모두 터미널이나 역 근처처럼 사람들이 많이 다니는 입지에 있어서 눈에 띄잖아요.

 마루이 그룹은 신용카드인 에포스 카드도 유명해요. 이건 재무제표에 어떻게 반영되나요?

 신용카드는 금융 비즈니스라서 고객에게 지급하는 대여금이 크게 잡힐 것 같아요. 유동자산이 크지 않을까요.

 그럼 우선 1번 마루이 그룹이겠네요.

 정답! 1번이 마루이 그룹의 재무상태표입니다.

마루이 그룹
2021년 3월기

유동자산	유동부채
	비유동부채
비유동자산	자본

미츠코시이세탄 홀딩스
2021년 3월기

유동자산	유동부채
비유동자산	비유동부채
	자본

● **미츠코시이세탄 홀딩스의 비유동자산 내역** ⋯⋯⋯⋯⋯⋯⋯⋯⋯⋯⋯⋯⋯⋯⋯⋯

① 연결재무상태표

미츠코시이세탄 홀딩스
2021년 3월기

(단위:백만엔)

	전기 회계연도 (2020년 3월 31일)	당기 회계연도 (2021년 3월 31일)
자산		
비유동자산		
유형자산		
건물 및 구축물	478,164	466,423
감가상각 누계액	△307,257	△305,185
건물 및 구축물(순액)	170,907	161,238
토지	533,433	521,541
건설가계정	5,525	7,649
사용권자산	6,621	4,681
감가상각 누계액	△1,707	△2,408
사용권 자산(순액)	4,914	2,273
기타	72,663	69,075
감가상각 누계액	△52,471	△51,524
기타(순액)	20,191	17,550
유형자산 합계	734,972	710,252
자산총계	1,223,800	1,198,303

　　두 회사의 재무제표를 살펴보겠습니다. 우선 미츠코시이세탄 홀딩스는 재무상태표를 보면 알 수 있는 것처럼 비유동자산이 매우 큰 부분을 차지하는 회사로, 대부분 건물과 토지 같은 유형자산으로 구성되어 있습니다.

　　그럼 이러한 유형자산의 정체는 무엇일까요? 내용을 살펴보면 백화점 매장과 연관된 토지나 건물이라는 사실을 알 수 있습니다. 특히 토지는 긴자나 신주쿠, 니혼바시 같은 도쿄에서도 상급지에 집중되어 있어서 금액이 매우 큽니다.

　　백화점 사업은 어떠한 비즈니스 모델로 이루어져 있는지 살펴보면, 사실 매우 단순합니다. 백화점에 방문하는 고객 수에 1인당 평균 구매단가를 곱하면 그대로 매출로 이어집니다. 즉 제조사로부터 상품을 사들여 이를 일반 소비자들에게 판매하는, 일종의 사입 비즈니스라고 할 수 있습니다. 이는 백화점의 전통적인 비즈니스 모델이며, 미츠코시이세탄 홀딩스도 같은 사업을 하고 있습니다.

● **도심 중심지에 토지를 보유한 미츠코시이세탄 홀딩스** ·····················

(2) 일본 국내 자회사

2021년 3월 31일 현재

| 종업원 | 회사명 | 사업장명 (소재지) | 사업부문의 명칭 | 장부가액(백만엔) | | | | 임직원수 (명) |
				설비 내용	토지 (면적 천m²)	기타	합계	
(주)미츠코시이세탄	본사 등 (도쿄도 신주쿠구 등)	백화점업	사무실 등	14,626	29,875 (29)	3,117	47,619	2,433 [1,763]
(주)미츠코시이세탄	이세탄 신주쿠 본점 (도쿄도 신주쿠구)	백화점업	매장 등	31,762	3,129 (20)	2,595	37,486	365 [504]
(주)미츠코시이세탄	이세탄 다치카와점 (도쿄도 다치카와시)	백화점업	매장 등	–	– (–)	–	–	135 [443]
(주)미츠코시이세탄	이세탄 우라와점 (사이타마현 사이타마시 우라와구)	백화점업	매장 등	5,142	5,254 (5)	387	10,784	158 [458]
(주)미츠코시이세탄	미츠코시 니혼바시 본점 (도쿄도 주오구)	백화점업	매장 등	34,850	110,310 (12)	2,415	147,576	353 [603]
(주)미츠코시이세탄	미츠코시 긴자점 (도쿄도 주오구)	백화점업	매장 등	19,848	81,736 (5)	864	102,449	356 [350]

※ 미츠코시이세탄HD의 2020년 4분기 유가증권보고서를 바탕으로 작성

● **백화점의 비즈니스 모델** ·····················

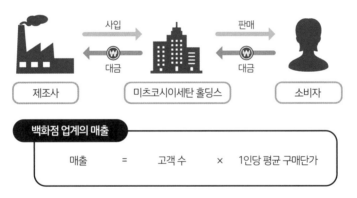

미츠코시이세탄 홀딩스의 매출내역을 살펴보면, 매출의 92%가 백화점 사업 판매 비즈니스로 구성되어 있습니다. 따라서 미츠코시이세탄 홀딩스의 주력 사업은 자리가 좋은 곳에 매장을 운영하면서 상품을 판매하는 전통적인 백화점 사업이며, 이러한 결과가 재무제표에도 나타나 있습니다.

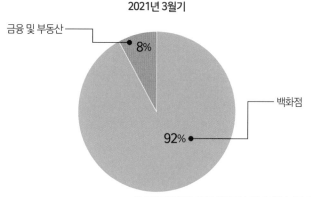

2021년 3월기

금융 및 부동산 — 8%

백화점

92%

※ 미츠코시이세탄 홀딩스의 2021년 3월 공시한 유가증권보고서를 바탕으로 작성

다음으로 마루이 그룹을 살펴봅시다. 마루이 그룹의 재무상태표를 보면 자산 대부분이 할부 매출채권이나 영업대여금 같은 금융자산으로 구성되어 있습니다.

● 마루이 그룹의 유동자산 내역

증권신고서(2021년 3월기)
① 연결재무제표

	전기 (2020년 3월 31일)	당기 (2021년 3월 31일)
		(단위: 백만엔)
자산		
유동자산		
현금 및 예금	40,839	41,190
미수금 및 미수금	5,153	4,903
할부매출채권	416,250	426,668
영업대여금	139,313	118,039
상품	4,766	3,111
기타	36,550	46,296
대손충당금	△16,106	△16,423
유동자산 합계	626,766	623,787
자산총계	885,969	901,070

2021년 3월기

유동자산	유동부채
	비유동부채
비유동자산	자본

대여금은 알겠는데 '할부매출채권'은 뭔가요?

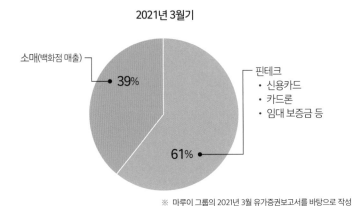

2021년 3월기

소매(백화점 매출) ● 39%

핀테크
• 신용카드
• 카드론
• 임대 보증금 등

61% ●

※ 마루이 그룹의 2021년 3월 유가증권보고서를 바탕으로 작성

할부매출채권은 리볼빙이나 분할납부 등의 판매 방법으로 발생한 매출채권을 뜻합니다. 간단하게 말해 마루이 그룹이 미래에 현금으로 받을 수 있는 금액입니다.

다음은 마루이 그룹의 매출내역을 살펴보겠습니다. 마루이 그룹은 미츠코시이세탄 홀딩스와는 전혀 다른 형태를 나타내는데, 매출 대부분이 이른바 핀테크라 불리는 신용카드나 카드 현금서비스, 월세 보증 같은 금융 비즈니스가 차지한다는 특징이 있습니다.

소매 비즈니스나 백화점 매출은 전체 매출 중 39%로, 전체에서 절반 이하의 비율을 차지합니다. 이 점이 마루이 그룹의 매출 특징입니다. 핀테크 사업의 매출은 리볼빙이나 할부수수료, 가맹점 수수료의 쇼핑 크레딧 등이 대부분으로, 쇼핑 크레딧은 에포스 카드와 관련된 수익입니다.

에포스 카드의 비즈니스 모델을 살펴보면, 마루이 그룹의 카드 사업은 사용자 신규 개척과 카드 발행 두 가지 기능이 있습니다. 카드 발행 기능의 수익원은 카드 이용자의 리볼빙이나 할부수수료입니다.

또한 이용 매장을 늘리는 기능도 있습니다. 예를 들어 에포스 카드를 사용할 수 있는 가맹점을 늘리면서 이용 금액에 따라 가맹점으로부터 수수료를 받는 구조입니다.

● 마루이 그룹의 핀테크 사업의 매출구성

마루이 그룹 Fact Book(2022년 3월기 제1사분기)

		2020/6/30 3개월 전년 대비 3months YoY(%)		2021/6/30 3개월 전년 대비 3months YoY(%)		2021/3/31 12개월 전년 대비 FY2021 YoY(%)	
	(백만엔/Millions of yen)	3months	YoY(%)	3months	YoY(%)	FY2021	YoY(%)
소매	Retailing	12,033	53.4	16,592	137.9	71,400	74.6
정기 임대료 수입 등	Tenant rent revenue and others	4,633	43.8	8,810	190.1	33,130	78.0
상품 매출	Product sales	1,473	36.0	1,500	101.8	7,717	53.6
위탁 판매수수료	Commission fee	1,349	82.8	1,226	90.9	5,718	86.5
소화매입매출액(순액)	Consignment revenue	693	36.1	1,124	162.0	5,068	68.9
관련 사업 수입	Related business revenue	3,882	90.3	3,930	101.2	19,765	79.3
핀테크	FinTech	30,681	98.7	31,985	104.3	134,755	99.1
쇼핑 크레딧	Card shopping revenue	19,582	99.5	21,247	108.5	82,849	100.2
리볼빙 및 할부수수료	Finance charges on revolving and installment payments	12,096	104.5	11,866	98.1	47,561	99.3
가맹점 수수료	Affiliate commissions	7,486	92.3	9,381	125.3	35,287	101.6
카드 캐싱 이자	Interest income on consumer loans	5,982	96.1	5,233	87.5	22,144	88.9
채권유동화(18.9~)	Liquidated accounts receivable (Sep. 2018~)	△664	–	△1,039	–	4,424	86.5
유동화 채권양도차익	Gain on transfer of liquidated accounts receivable	–	–	–	–	7,833	110.2
양도차익 상각 외	Amortization of liquidated accounts receivable and others	△664	–	△1,039	–	△3,409	–
서비스 수입	Service revenue	3,676	110.7	4,325	117.7	16,622	114.4
IT 기타	IT, etc.	2,104	95.9	2,218	105.4	8,714	99.9
합계	Total	42,714	79.7	48,578	113.7	206,156	89.0

● 에포스 카드 수수료 수입

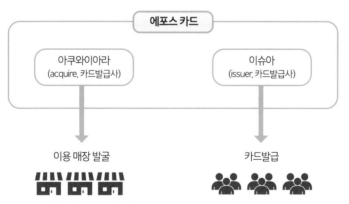

● 마루이 그룹의 비유동부채 내역

유가증권보고서(2021년 3월기)
① 연결재무상태표

(단위 : 백만엔)

부채	전기 연결회계연도 (2020년 3월 31일)	당기 연결회계연도 (2021년 3월 31일)
비유동부채		
회사채	90,000	80,000
장기차입금	272,500	275,200
이연세금부채	1,884	135
이자반환손실충당금	4,663	22,810
부채보증손실충당금	166	128
자산제외채무	953	1,101
기타	11,045	10,129
비유동부채 합계	381,212	389,505
부채합계	595,638	610,366

2021년 3월기

즉 마루이의 에포스 카드를 다른 백화점에서도 사용할 수 있다면 해당 매출의 0.05~1.00% 정도에 해당하는 수수료가 마루이의 수익으로 이어집니다. 신용카드 업종의 비즈니스 모델은 가맹점에서 고객이 이용함에 따라 받는 수수료로 구성됩니다.

이렇게 리볼빙이나 할부 등을 실제로 제공하려면 당연히 자금이 필요합니다. 마루이 그룹은 은행 등에서 자금을 빌리고, 이렇게 빌린 돈을 다시 카드 이용자에게 빌려주거나 리볼빙, 할부 등에 사용한다는 사실이 재무상태표에 나타나 있습니다.

외부에서 낮은 이율로 자금을 조달하고, 다시 리볼빙 등 비교적 높은 금리로 돈을 빌려주면서 이때 발생하는 이자 차이로 이익을 만들어내는 부분은 금융 비즈니스의 수익 모델이기도 합니다.

그럼 어느 정도 이율로 자금을 빌리고 있을지, 실제로 차입금 세부 내역을 통해 알아봅시다. 장기간에 걸친 차입금은 평균 이율 0.26%라는 상당히 낮은 수준의 이율로 빌리고 있는데, 이를 웃도는 이율을 받고 돈을 빌려주면서 이때 발생하는 이자 수익으로 돈을 벌어들이는 것이 마루이 그룹의 비즈니스 모델이라고 할 수 있습니다.

정리하면 마루이 그룹은 주로 금융 사업으로 돈을 벌기 때문에, 대부업이나 할부 매출채권(분할지불) 등으로 자산이 구성되어 있어 유동자산이 매우 풍부합니다.

유가증권보고서(2021년 3월기)
【차입금 등 세부사항 표】

구분	당기 기초잔액 (백만엔)	당기 기말잔액 (백만엔)	평균 이율 (%)	상환기한
단기차입금	51,335	62,380	0.23	−
1년 이내 상환 예정인 장기차입금	51,000	37,000	0.24	−
1년 이내 상환 예정인 리스채무	291	358	−	−
장기차입금 (1년 이내 상환 예정인 것 제외)	272,500	275,200	0.26	2022년 9월~ 2029년 9월
리스채무 (1년 이내 상환 예정인 것 제외)	1,489	1,435	−	2022년 4월~ 2028년 9월
기타 유이자부채 잔여금	154	−	−	−
합계	376,769	376,373	−	−

반면에 미츠코시이세탄 홀딩스는 도심 내 주요 지역에 토지 등을 소유하다 보니 비유동자산이 매우 커지기 쉽습니다. 이렇게 같은 백화점이지만 두 회사의 차이점이 재무상태표에서 명확하게 드러납니다.

그렇군요! 미츠코시이세탄 홀딩스는 순수한 백화점 회사지만, 마루이 그룹은 백화점 얼굴을 한 카드회사에 가깝네요. 이런 부분은 평소에는 깨닫기 힘들겠어요.

5 현금흐름표란?

현금흐름표는 회사의 건강 상태를 판단할 수 있는 중요한 서류

마지막으로 현금흐름표(C/S, Cashflow Statement)를 살펴봅시다. 현금흐름표에서 얻을 수 있는 정보는 크게 세 가지입니다. 첫 번째는 기업의 '현금을 만들어 내는 능력'입니다. 두 번째는 그 기업이 어떤 분야에 얼마나 투자하고 있는지 '투자 상황'을 보여줍니다. 세 번째는 투자의 원천을 어느 정도 모았는지 '자금조달 상황'을 나타냅니다.

왜 현금 정보가 필요할까?

현금흐름표는 기업 내의 현금흐름을 보고하는 재무제표로, 현금의 움직임을 활동별(영업활동, 투자활동, 재무활동)로 보고하는 역할을 담당합니다.

현금 정보가 그렇게 중요한가요? 매출이나 이익 정보만 확인해도 충분할 것 같은데요.

현금흐름이 왜 중요한지 설명하고자 우선 두 회사의 손익계산서를 살펴보겠습니다. 두 회사 중에서 어느 회사가 경영실적이 좋을까요?

손익계산서만 보면 아마 대부분 수익과 이익이 많이 나온 A사가 실적이 좋다고 판단할 겁니다. 이것도 맞기는 합니다. 수익과 이익이 많이 나오는 회사가 경영실적이 좋아 보이는 것도 틀리지는 않습니다. 그럼 앞에 나온 도표와 같은 회사이지만 이번에는 현금흐름에 주목해볼까요. 두 회사 모두 4월 1일에서 6월 30일까지 이뤄진 거래의 세부 정보를 살펴봅시다.

경영실적을 보면 손익계산서 데이터와 마찬가지로 A사는 이익이 100만엔 발생했고, B사는 이익이 10만엔만 발생했습니다. 그럼 어느 회사가 자금 사정이 위험할까요? 사실 기업의 안정성이라는 측면에서는 전혀 다른 결론이 나옵니다.

● 두 회사의 거래내역

A사 거래내역	
거래 (4월 1일~6월 30일)	
4월 1일	보유현금 50만엔
5월 5일	상품 사입 100만엔 (7월 1일 지불)
6월 5일	상품 판매 200만엔 (7월 30일 입금)
이익이 **100**만엔 발생	

B사 거래내역	
거래 (4월 1일~6월 30일)	
4월 1일	보유현금 50만엔
5월 5일	상품 사입 50만엔 (7월 1일 지불)
6월 5일	상품 판매 60만엔 (7월 30일 입금)
이익이 **10**만엔 발생	

A사는 상품을 100만엔어치 사들여서 7월 1일에 대금을 지급할 예정입니다. 즉 7월 1일 시점에 현금 100만엔이 수중에 있어야 합니다. 그러나 4월 1일 시점에는 현금을 50만엔만 보유한 상태이고, 6월 5일에 판매한 200만엔 어치의 대금은 7월 30일에 들어올 예정입니다. 그러므로 7월 1일 시점에 수중에 있는 현금은 50만엔 밖에 없어서 100만엔의 사입대금을 지불할 수 없습니다.

따라서 A사는 이익은 내고 있지만 자금순환이 굉장히 어려운 상태에 빠져있습니다. 한편 B사의 이익은 10만엔에 불과하지만, 사입대금을 제대로 지불할 수 있는 현금은 충분합니다. 따라서 B사는 이익은 많지 않아도 A사보다 자금순환이 안정되어 있다는 사실을 알 수 있습니다.

 이 사례를 통해 보면 A사는 이익이 나는데도 대금을 지급하지 못하고 도산하는 상태, 이른바 흑자도산 사례에 가까울 것 같네요.

손익계산서만으로는 자금순환이 제대로 이루어지는지 알 수 없습니다. 손익계산서에서 아무리 이익이 나온다고 해도, 회사에 지급할 돈이 없어지면 최악의 경우 도산에 빠지고 맙니다. 이것이 현금흐름이 중요한 이유입니다. 손익계산서뿐만 아니라 현금흐름이 안정적인지 확인하지 않으면 기업이 어떤 상태인지 알 수 없습니다. 이처럼 이익과 비용의 움직임, 현금의 흐름은 반드시 일치하지는 않기 때문에 손익계산서뿐만 아니라 재무상태표나 현금흐름표도 확인해야 합니다.

현금흐름표를 보는 시점

현금의 중요성에 관해서는 앞의 사례를 통해 어느 정도 전달되었으리라 생각합니다. 그럼 이제 현금의 움직임을 보고하는 재무제표인 현금흐름표 구성요소와 기재 내용에 관해 설명하겠습니다.

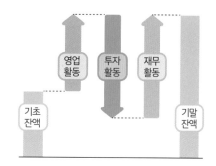

현금흐름표는 ① 영업활동으로 인한 현금흐름, ② 투자활동으로 인한 현금흐름, ③ 재무활동으로 인한 현금흐름, ④ 기초잔액과 기말잔액 증감이라는 계정으로 구성되어 있습니다.

영업활동으로 인한 현금흐름

첫 번째는 영업활동으로 인한 현금흐름입니다. 간단하게 본업을 통해 현금이 얼마나 증감했는지를 나타냅니다. 본업에서 상품을 팔아 돈이 들어오면 기본적으로 영업활동으로 인한 현금흐름은 우상향(=플러스)을 나타냅니다. 반면 영업활동으로 인한 현금흐름이 마이너스인 경우, 본업에서 돈이 빠져나가는 상태입니다.

● 영업활동으로 인한 현금흐름

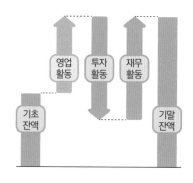

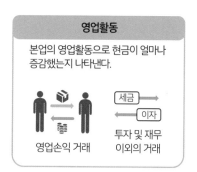

본업에서 돈이 빠져나간다니 어떤 상태인가요?

본업에서 돈이 빠져나가는 경우는, 예를 들어 상품을 사들였지만 사들인 상품이 그다지 판매가 이루어지지 않는 상태입니다. 상품을 사들이면 대금을 내야 하니 돈이 빠져나갔는데도, 그 상품이 팔리지 않는다면 회사에는 돈이 들어오지 않습니다. 이 경우 본업에서 돈이 빠져나가기 때문에 영업활동으로 인한 현금흐름은 하락(=마이너스)이 되는 경우가 많습니다.

 특정 회사가 본업을 통해 제대로 돈을 벌어들이는지 판단할 때 보는 자료가 영업활동으로 인한 현금흐름이군요.

 네, 그렇습니다. 손익계산서상으로 이익이 나와도 영업활동으로 인한 현금흐름이 마이너스라면 돈이 아직 입금되지 않았다고 판단할 수 있어요

투자활동으로 인한 현금흐름

두 번째는 투자활동으로 인한 현금흐름입니다. 이는 기업이 어느 정도의 금액을 투자에 충당하고 있는지 나타내는 계정입니다.

기업이 투자에 돈을 많이 들이면 통상적으로 화살표는 우하향(=마이너스)을 나타냅니다. 설비를 사거나 신규로 자회사를 매수한 경우 당연히 돈이 빠져나가므로 투자활동으로 인한 현금흐름 화살표는 아래를 향합니다. 한편 자사가 보유한 설비나 외부기업의 주식 등을 매각해서 돈이 들어오는 경우 화살표는 위를 향합니다.

투자활동에 따른 현금흐름은 보통 대부분 회사에서는 현금이 빠져나가는 경우가 많지만, 반드시 화살표가 마이너스 방향이니 좋지 않다고 보기는 어렵습니다. 기업은 성장하기 위해 계속 투자를 해야 하는데, 이렇게 투자를 하려면 자금을 지출하게 됩니다. 그러므로 투자활동으로 인한 현금흐름의 방향이 아래를 향하는 쪽은 긍정적으로 볼 수 있기도 합니다.

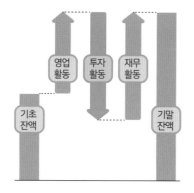

투자활동

기업의 투자로 현금이 얼마나 증감했는지 나타낸다.

설비투자   자회사에 투자

한편 투자활동으로 인한 현금흐름으로 현금이 들어오는 상태를 부정적인 의미로 보는 경우도 있습니다. 예를 들어 본업에서 돈을 벌지 못하면 어딘가 다른 부분에서 자금을 조달해야 합니다. 그럴 때 자사의 자산을 매각해 현금을 확보하는 기업도 있습니다. 중요한 점은 화살표의 방향만으로 판단하지 말고 왜 그러한 흐름이 나타났는지 이해한 다음, 기업의 상태를 살펴봐야 한다는 점입니다. 다음은 올바른 판단을 내리기 위한 세 가지 시점을 소개하겠습니다.

주목할 포인트 ① 투자 재원

첫 번째는 투자 재원입니다. 투자하려면 반드시 재원이 필요한데, 회사가 투자자금을 어디에서 어떻게 조달하고 있는지 살펴봐야 합니다. 예를 들어 본업에서 제대로 자금을 확보한다면 이렇게 벌어들인 돈을 투자에 쓸 수 있습니다.

한참 성장 중인 스타트업이라면 아직 본업으로는 돈을 벌지 못하는 경우가 많지만, 재무활동(외부로부터의 자금조달)을 통해 은행이나 투자자로부터 자금을 받아 투자에 쓰기도 합니다.

 투자 재원을 확인해야겠네요.

주목할 포인트 ② 무엇에 투자했는가

두 번째는 무엇에 투자했는지 입니다. 대부분 투자 대상은 크게 세 가지로 나눌 수 있는데, 첫 번째는 사업용 자산으로 공장이나 매장을 확대하는 것처럼 본업에서 사용하는 자산입니다. 두 번째로는 외부기업에 투자하는 경우입니다. 예를 들어 다른 기업을 매수하거나 스타트업에 투자하는 것 등이 해당합니다.

마지막으로 비사업용 자산은 주식 같은 금융상품이나 투자 목적의 부동산이 이에 해당합니다. 본업에서 사용하지 않아도 부업으로써 사용하는 것처럼 비사업용 자산에 투자하는 때도 있습니다.

따라서 투자활동으로 인한 현금흐름은 무엇에 대한 투자인지 살펴봐야 합니다. 투자를 많이 한다고 해서 반드시 회사의 본업이 성장한다는 보장은 없으므로, 무엇에 대한 투자인지 반드시 확인해봅시다.

주목할 포인트 ③ 투자 규모

세 번째는 투자 규모입니다. 투자금액이 어느 정도 되는지 확인해야 하는데, 투자 대상이 성장시장인지, 성숙시장인지에 따라 액수가 달라집니다. 일반적으로 성장시장에서는 점유율을 늘리기 위해서 다른 회사보다 먼저 투자해야 하므로 전체 투자금액은 커지기 쉽습니다. 한편 성숙한 시장이면 성장 여지도 크지 않기 때문에 투자금액도 많지 않은 편입니다. 기업이 해당 투자에 얼마나 진심인지 확인하기 위해서도 투자 규모를 확인하는 일은 매우 중요합니다.

 투자활동으로 인한 현금흐름을 확인할 때 중요한 점은 크게 세 가지군요. 재원은 무엇인지, 투자처는 어디인지, 그리고 그 규모는 어느 정도인지요. 기억해두고 확인해보면 좋겠네요.

재무활동에 따른 현금흐름

다음으로는 재무활동으로 인한 현금흐름입니다. 이는 자금조달과 상환 상황을 나타내는 계정입니다. 은행에서 돈을 빌리거나 신주를 발행하면 회사에는 돈이 들어오므로 화살표는 위쪽을 향합니다. 반대로 빌린 돈을 상환하거나 주주에게 배당금 등으로 지급한 경우 회사로부터 돈이 빠져나가므로 화살표는 아래쪽을 향합니다.

재무활동으로 인한 현금흐름에서는 우선 영업활동에 해당하는 본업에서 돈을 벌어들이고, 그중 일부를 투자에 쓰고 나서 남은 금액으로 빌린 돈을 상환하거나 배당금(주주환원)에 충당하는 경우를 자주 볼 수 있습니다. 이는 앞으로 자금이 필요할 때를 대비해 회사의 재정 상황을 좋게 만들고자 할 때 나타납니다.

또 다른 사례로는 본업에서 벌어들이는 것보다 투자에 돈을 더욱 많이 쓰는 경우입니다. 한참 성장 중인 기업에서 자주 볼 수 있는 모습이기도 합니다. 본업으로 번 금액보다 많은 투자를 하려면 자금이 추가로 필요합니다. 그래서 본업에서 번 것보다 부족한 만큼의 자금은 재무활동을 통해 조달하는 모습이 나타납니다.

기업의 상태에 따라 자금조달 상황도 달라지므로 숫자와 더불어 기업이 어떤 상태에 놓여 있는지 함께 살펴보는 것도 중요합니다.

● **재무활동에 따른 현금흐름**

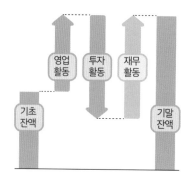

● 현금 증감의 움직임을 알 수 있다

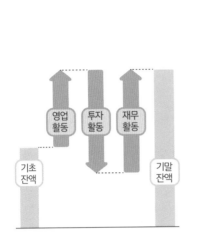

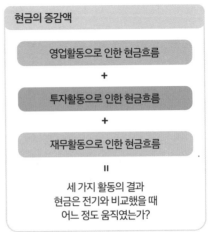

현금의 증감액

영업활동으로 인한 현금흐름

+

투자활동으로 인한 현금흐름

+

재무활동으로 인한 현금흐름

=

세 가지 활동의 결과
현금은 전기와 비교했을 때
어느 정도 움직였는가?

● 현금흐름표 정리

• 전기 대비
  현금 증감의 움직임

• 현금 증감의
  활동별로 움직인 내역

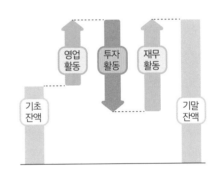

기초와 기말 잔액

이렇게 세 가지 활동을 포함해서 기초와 기말 시점에 현금이 얼마나 늘어났는지 전체 현금의 증감액이 표시됩니다.

정리하면 현금흐름표 역할은 현금의 증감이 어떻게 움직였는지 활동별로 현금의 흐름을 나타내는 보고서입니다. 다음 장에서는 실제 기업들의 현금흐름표를 확인해 보겠습니다.

[엔터]
세 가지 표를 조합해
기업을 입체적으로 파악하자

엔터테인먼트 기업의 자금 상황

여기서부터는 실제 기업의 현금흐름표를 살펴봅시다. 이번에 다룰 기업은 세계적으로 2억 명 넘는 회원을 보유하고 있고 회사 내부에서 영상 제작까지 하는 엔터테인먼트 기업, 넷플릭스입니다. 넷플릭스는 대체 자금을 얼마나 들여서 콘텐츠를 제작하는지 여러분도 궁금하시지 않으신가요? 이번 장을 마무리하는 의미로 재무제표를 조금 더 꼼꼼하게 살펴보면서 기업 상황을 확인해봅시다.

넷플릭스의 콘텐츠 투자금액은?

넷플릭스	?
TBS테레비	884억엔
니혼TV	884억엔
TV아사히	669억엔
후지TV	640억엔
TV도쿄	317억엔

① 약 100억엔

② 약 5,000억엔

③ 약 8,000억엔

④ 1조엔 이상

※ 넷플릭스의 2020년 Form 10-K(결산), 일본의 TV 방송국 각사는 2020년 12월 유가증권보고서를 바탕으로 작성. 여기서는 '1달러=120엔'으로 가정

이번 장에서 다룰 기업

● 넷플릭스

영상 스트리밍 플랫폼 넷플릭스를 운영하는 회사로, 전 세계에서 2억 명을 넘는 유료 회원을 보유하며 영상 스트리밍뿐만 아니라 자사에서 직접 콘텐츠 제작도 하고 있다.

일본 주요 TV 방송국 5개 회사와 넷플릭스의 도표입니다. 영화나 드라마를 제작할 때 콘텐츠에 투자하는 금액을 비교한 그림이에요. 보기 중에서 넷플릭스는 몇 번일지 생각해보세요.

 일본 방송국의 제작비는 대체로 300억엔에서 900억엔 정도일까요?

 적어도 미국의 인구는 일본보다 3배 정도 되니까 1번은 제외될 것 같아요.

 일본의 TV 방송국에서 한 해에 투입하는 평균 제작비가 약 600억엔이라고 가정하면, 미국 인구는 일본의 3배니까 미국 국내 수요만 해도 1,800억엔 정도 필요하겠네요. 그렇지만 넷플릭스는 세계 곳곳에서 운영하고 있으니 추가분을 더하면 5,000억엔 정도라는 계산이 나와요. 그래서 저는 2번이라고 생각해요.

 할리우드 영화도 엄청나게 돈을 쏟아붓지 않나요? 넷플릭스도 당연히 그 정도 퀄리티를 의식하면서 만들고 있을 것 같아요.

 그리고 보니 뉴스에서 자주 '제작비 300억엔!' 같은 이야기를 봤어요.

 엄청난 대작 영화 한 편만 만들어도 TV도쿄의 1년치 제작비에 육박하겠네요. 그러면 좀 말이 안 될 것 같은데요.

 아무리 그래도 한 회사에서 엄청난 대작을 1년에 몇십 편이나 찍기는 어렵지 않을까요? 제작비가 아무리 많이 들어도 8,000억엔 정도에 그칠 것 같아요.

 그럼 이번에는 3번, 8,000억엔이요!

 음, 아까워요! 하지만 이 문제는 어렵긴 했네요. 정답은 4번, 1조엔 이상입니다!

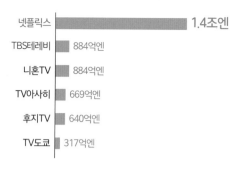

넷플릭스	1.4조엔
TBS테레비	884억엔
니혼TV	884억엔
TV아사히	669억엔
후지TV	640억엔
TV도쿄	317억엔

넷플릭스가 콘텐츠에 얼마나 돈을 투자하는지는 영업활동 현금흐름을 통해 알 수 있습니다. 〈넷플릭스 콘텐츠 제작비〉 도표는 넷플릭스의 현금흐름표로, 연간 콘텐츠 제작 비용으로 매년 1조엔이 넘는 금액을 쏟아 붓는다는 사실을 알 수 있습니다. 일본의 주요 TV 방송국 제작비를 전부 합쳐도 넷플릭스의 제작비의 발끝만큼도 따라잡지 못한다는 거죠. 이런 걸 생각하면 넷플릭스의 투자금액이 얼마나 큰지 알 수 있습니다.

● **넷플릭스 콘텐츠 제작비**

Netflix,INC.
Consolidated statements of cash flows
(in thousands)

	Year Ended December 31,		
	2020	2019	2018
Cash flows from operating activities:			
Net income	$ 2,761,395	$ 1,866,916	$ 1,211,242
Adjustments to reconcile net income to net cash provided by(used in) operating activities:			
Additions to content assets	(11,779,284)	(13,916,683)	(13,043,437)
Change in content liabilities	(757,433)	(694,011)	999,880
Amortization of content assets	10,806,912	9,216,247	7,532,088
Depreciation and amortization of property, equipment and intangibles	115,710	103,579	83,157
Stock-based compensation expense	415,180	405,376	320,657
Foreign currency remeasurement loss(gain) on debt	533,278	(45,576)	(73,953)
Other non-cash items	293,126	228,230	81,640
Deferred income taxes	70,066	(94,443)	(85,520)

※ 넷플릭스 Form 10-K(2020년 기준)을 바탕으로 작성

1조엔이라니, 작은 나라의 국가 예산에 가까운 금액을 투자하는 거나 마찬가지네요.

 일본 방송국이 노리는 시장은 어디까지나 일본이 중심이다 보니 상대적으로 투자액이 작다고는 하지만 엄청난 규모네요.

그럼 넷플릭스가 이러한 재원을 어디에서 조달하는지 살펴봅시다. 본업에서 나오는 수익은 물론 외부에서 차입금으로 자금을 조달하고, 이렇게 확보한 재원으로 콘텐츠를 제작한다는 사실을 현금흐름표를 통해 알 수 있습니다.

● **넷플릭스 현금흐름표**

2020년 12월기

(단위: 백만 달러)

● **외부에서 조달한 차입금으로 자금조달**

Netflix Inc.
Consolidated statements of Cash Flows
(in thousands)

	Year Ended December 31,		
	2020	2019	2018
Cash flows from financing activities:			
Proceeds from issuance of debt	1,009,464	4,469,306	3,961,852
Debt issuance costs	(7,559)	(36,134)	(35,871)
Proceeds from issuance of common stock	235,406	72,490	124,502
Other financing activities	–	–	(1,956)
Net cash provided by (used in) financing activities	1,237,311	4,505,662	4,048,527
Effect of exchange rate changes on cash, cash equivalents and restricted cash	36,050	469	(39,682)
Net increase(decrease) in cash, cash equivalents and restricted cash	3,195,084	1,231,745	989,246
Cash, cash equivalents and restricted cash, beginning of year	5,043,786	3,812,041	2,822,795
Cash, cash equivalents and restricted cash, end of year	$ 8,238,870	$ 5,043,786	$ 3,812,041

※ 넷플릭스 Form10-K를 바탕으로 작성

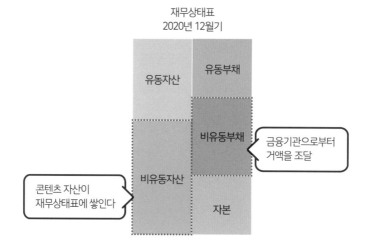

투자와 자금조달의 움직임은 재무상태표에도 당연히 반영됩니다. 넷플릭스의 재무상태표를 보면 금융기관에서 거액의 돈을 조달하고 있는데, 이로 인한 비유동부채가 상당히 늘어난 상태입니다. 한편 비유동자산에는 넷플릭스가 보유한 콘텐츠 자산 권리 등이 '자산'으로 잡혀 있는데, 투자한 금액이 비유동자산으로 반영된다는 사실을 알 수 있습니다.

그럼 본업에서 얻은 이익은 어떻게 되었는지 손익계산서를 살펴봅시다. 넷플릭스

● 넷플릭스 매출내역

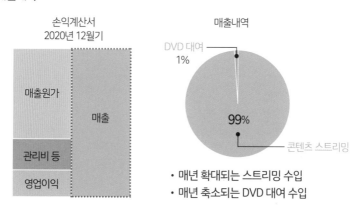

● 넷플릭스 회원 1명당 월정액 약 10달러

	As of / Year Ended December 31,		
	2020	2019	2018
	(in thousands, except revenue per membership and percentages)		
Global Streaming Memberships:			
Paid net membership additions	36,573	27,831	28,615
Paid memberships at end of period	203,663	167,090	139,259
Average paying memberships	189,083	152,984	124,658
Average monthly revenue per paying membership	$ 10.91	$ 10.82	$ 10.31

※ 넷플릭스 Form 10-K를 바탕으로 작성

는 주로 스트리밍 서비스 사업을 통해 매출을 얻습니다. 재무상태표 자산은 대부분 콘텐츠 자산으로 구성되어 있는데, 이러한 자산을 사용해서 스트리밍 사업을 운영합니다.

2020년 12월 말 기준으로 넷플릭스 유료회원 수는 약 2억 명입니다. 손익계산서 내역을 통해 회원 1명당 월간 10달러를 만들어낸다는 사실을 알 수 있습니다.

 이처럼 재무제표를 연동해서 살펴보면 기업을 입체적으로 파악할 수 있어요.

이제 복습은 이것으로 끝입니다. 1장부터는 기업을 좀 더 깊이 이해하기 위해 재무제표 읽는 법에 도전해보겠습니다.

Chapter 1

시계열분석의
기초를 다지자

1 시계열분석이란?

비교분석의 기본은 시계열과 경쟁사

가장 먼저 재무제표를 분석하는 방법은 '비교'입니다. 특정 숫자를 볼 때 비교할 대상이 없다면 그 숫자가 좋은지 나쁜지 판단 자체가 불가능하겠지요. 그러므로 재무제표를 분석할 때는 반드시 두 개 이상의 숫자를 사용해서 비교해야 합니다.

실제로 비교하는 방법은 크게 두 가지가 있습니다. 첫 번째는 기업을 시간의 흐름대로 살펴보는 '시계열분석', 두 번째는 다른 경쟁사와 비교해서 살펴보는 '경쟁사 비교분석'입니다. 훌륭한 분석에는 반드시 이 두 가지 방법이 사용되는데, 이 책을 통해 완벽하게 이해해봅시다.

● **두 가지 분석 방식**

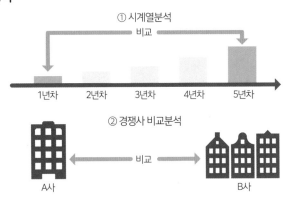

 같은 기업을 시간 순서대로 비교하는 시계열분석과 다른 기업끼리 비교하는 경쟁사 비교분석이군요. 재미있겠어요.

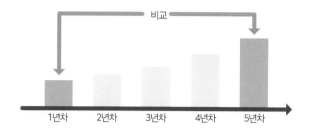

시계열분석과 경쟁사 비교분석이란?

시계열분석은 각기 다른 연도의 실적을 비교하면서 수치가 어떻게 변화하고 있는지, 그 원인은 무엇인지 찾아보는 접근 방식입니다. 이 방식은 단순한 매출 비교와는 다릅니다. 예를 들어 매출과 이익의 5년간 추이를 비교해본다고 합시다. 매출은 꾸준히 증가하는데 이익은 계속 감소하는 식으로 특정 기업의 실적 변화 추이를 확인하는 방법입니다. 이러한 움직임을 보이는 원인과 동시에 숫자가 어떻게 움직이는지 배경을 함께 알아보면서 더욱 깊이 있게 추이를 이해할 수 있습니다. 그러다 보면 기업의 비즈니스 특징을 알 수 있습니다.

두 번째는 경쟁사 비교분석입니다. 시계열분석은 특정 기업의 재무수치를 시간의 흐름에 따라 비교하는 방법이지만, 경쟁사 비교분석은 다른 기업과의 수치를 비교하는 방법입니다. 이를 통해 특정 기업이 얼마나 뛰어나거나 혹은 그 반대인지, 비즈니스 모델의 차이 등을 깨닫는 계기를 얻습니다.

1장에서는 코로나를 거치며 다시 존재감을 드러낸 게임회사 닌텐도의 실적을 참고로 시계열분석의 기초를 소개합니다. 시간 흐름에 따른 숫자를 비교해서 살펴보며 기업의 특징이나 변화 추이를 찾아보는 재미를 느낄 수 있을 겁니다.

[게임]
10년치 수치에서
기업의 본질을 파악하자

최근 실적만으로는 알 수 없는 비즈니스 구조

닌텐도는 일본을 대표하는 게임회사입니다. 하지만 항상 실적이 순조롭지는 않았습니다. 이번에는 시간 흐름에 따라 닌텐도의 특징과 변화 추이를 한꺼번에 살펴보겠습니다. 우선 다음의 간단한 퀴즈를 풀어보세요.

Q 닌텐도의 최근 결산자료는?

①

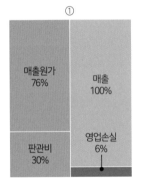

②

※ 닌텐도의 2011년 4분기, 2020년 4분기 유가증권보고서를 바탕으로 작성

이번 장에서 다룰 기업

● **닌텐도**
슈퍼마리오나 포켓몬 등으로 세계적으로 유명한 게임회사로, 게임 소프트웨어뿐만 아니라 닌텐도 스위치 등 하드웨어도 생산한다.

앞의 도표는 닌텐도의 2012년 3월기와 2021년 3월기 결산을 비교한 자료예요. 어느 쪽이 닌텐도의 최신 결산자료일지 맞춰보세요.

 닌텐도는 슈퍼 마리오나 포켓몬스터 같은 게임으로 유명하잖아요. 해외에서도 인지도가 무척 높고요.

 소프트웨어뿐만 아니라 닌텐도DS나 닌텐도스위치 같은 게임기 하드웨어도 제조하고 있고요.

 닌텐도는 계속 실적이 좋았던 것 같은데, 이렇게 보니 적자였던 시절도 있었나요? 의외네요.

 영업실적뿐만 아니라 원가도 꽤 다른데, 이런 부분이 궁금해요.

 10년 전에도 계속 변함없는 게임회사였으니 원가는 그다지 바뀌지 않았을 것 같은데요.

 아, 근데 저는 요즘에는 거의 온라인에서 다운로드해서 게임을 해요. 실물 패키지를 사는 사람은 이전에 비해 줄어들지 않았을까요.

 10년 전까지는 실물 패키지 판매가 중심이었는데, 최근 들어 디지털 콘텐츠 판매가 늘었다면 원가도 줄어들었겠네요.

 그렇군요! 그리고 코로나 영향으로 게임이 엄청나게 팔렸다는 뉴스도 봤어요. 그러면 2번이 최신 수치가 아닐까요?

 정답이에요! 2번이 최신 결산자료예요.

	2012년 3월기	2021년 3월기

2012년 3월기: 매출원가 76%, 매출 100%, 판관비 30%, 영업손실 6%

2021년 3월기: 매출원가 45%, 판관비 19%, 매출 100%, 영업이익 36%

 같은 회사인데 10년 동안 재무수치가 많이 바뀌네요. 같은 상품을 판매하니 매출원가는 크게 달라지지 않을 거라고 생각했어요.

닌텐도라는 회사를 잘 아시는 분도 많겠지만, 어떤 특징이 있는 회사인지까지 잘 아는 사람은 의외로 적은 듯합니다. 이제부터 닌텐도의 특징을 함께 분석하고자 합니다.

퀴즈의 정답은 2번입니다. 2021년 3월기 결산 수치였는데, 어째서 최근 10년간 이렇게까지 실적이 달라졌는지 알아보겠습니다. 그럼 이제 시계열에 따른 수치를 살펴보고 닌텐도가 어떤 기업인지 알아봅시다.

 여기서 질문! 닌텐도라는 회사에 대해서 어떻게 생각하시나요?

 일본을 대표하는 게임회사니까 계속 실적이 좋았을 것 같아요.

 흠, 그럼 닌텐도의 15년간 매출을 살펴보고 실적 추이를 확인해볼게요(《닌텐도 매출 추이》 참조). 기업을 분석할 때는 사전에 가설을 세우는 작업이 중요해요.

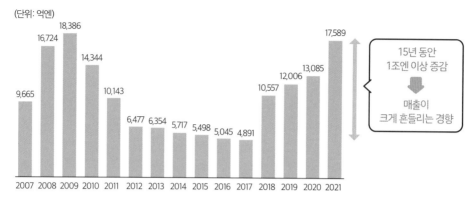

● 닌텐도 매출 추이

(단위: 억엔)

15년 동안
1조엔 이상 증감
⬇
매출이
크게 흔들리는 경향

※ 매년 4분기 유가증권보고서를 바탕으로 작성

 15년 동안 매출 변화가 꽤 심하네요.

 그래요. 이렇게 보면 실적 변동이 큰 회사라는 사실을 알 수 있죠. 이러한 특징은 시계열로 살펴볼 때 확실하게 드러나요.

 가장 매출이 많았던 해의 매출은 약 1조 8천억엔이었고, 가장 매출이 적었던 해의 매출은 약 4,900억엔이군요. 1조엔 이상이나 차이가 나네요.

 엄청난 차이네요. 참고로 게임은 한 번 만들면 그 후에도 계속 팔려서 개발비를 회수하고도 계속 흑자가 나진 않나요?

 좋은 관점이에요! 그럼 계속해서 흑자가 난다는 가설을 검증하기 위해 영업이익률을 확인해보죠.

〈닌텐도 영업이익 추이〉 도표를 봅시다. 15년 동안 비교해서 살펴보면 알 수 있듯, 최근 들어 영업이익액이 급격하게 늘어났습니다. 그러나 2013년 전후에는 계속 적자를 기록해 회사 전체의 상황이 상당히 바뀌었습니다.

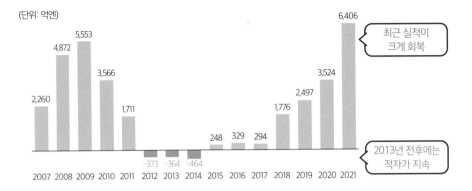

즉 매출뿐만 아니라 이익 면에서도 실적이 좋을 때와 그렇지 않을 때 큰 격차가 나타납니다. 닌텐도는 계속 흑자였을 것 같지만 최근 몇 년간의 실적일 뿐, 장기간에 걸쳐 살펴보면 실제로는 적자로 고생했던 시기도 있었다는 사실을 알 수 있습니다.

마지막으로 매출과 영업이익률을 함께 살펴봅시다. 매출증감에 따라 영업이익률도 −8%에서 36%까지 변화가 큰 폭으로 나타납니다. 이번 퀴즈는 닌텐도의 실적이 좋았던 2021년 3월기와 실적이 부진했던 2012년 3월기 수치를 비교한 것입니다. 같은 회사의 재무수치라도 시기에 따라 크게 달라지므로, 어느 시기의 수치인지 항상 중요하게 살펴봅시다.

● 닌텐도 매출과 영업이익률 추이

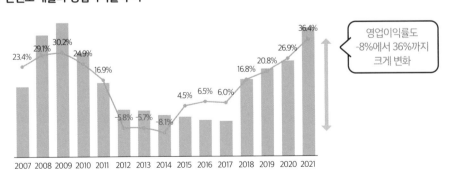

비교해보니 닌텐도 실적이 매년 크게 달라지는 이유를 잘 알겠어요. 상상했던 것과 실제는 전혀 다르네요.

 맞아요. 가설을 세우고 실제 수치를 대조해보면서 확인하는 과정은 기업의 실태를 알아볼 때 매우 중요합니다. 여러 해의 수치를 살펴보면서 회사가 실제로 돈을 벌고 있는지 확인할 수 있어요.

 닌텐도는 계속 순조로웠다고 보기는 힘들고, 시기에 따라 매출과 이익이 크게 달라지는 경향이 있군요. 2010년대 초반은 대체로 하락세였네요.

시간 흐름에 따라 수치를 늘어놓고 비교해보면 기업의 특징을 객관적으로 알아볼 수 있습니다. 또한 왜 실적이 심하게 변했는지, 2010년대 초반에는 왜 적자가 발생했는지 또 다른 의문이 생긴 분들도 많을 겁니다. 이렇게 대략적인 수치를 늘어놓고 살펴보기만 해도 새로운 궁금증이 떠오르면서, 결과적으로 기업을 더욱 깊이 이해할 수 있습니다.

지금까지 닌텐도를 알아봤습니다. 이런 정보는 기업의 유가증권보고서 중 '기업의 현황'에 기재되어 있습니다(한국의 경우 '사업보고서'-옮긴이). 여기에 실린 재무수치를 늘어놓은 것이 이번 장의 내용입니다. 여러 해에 걸친 기업의 실적을 분석하고 싶을 때는 해당 항목에서 필요한 연도만큼 확인하면 됩니다.

● **이번 장에서 다룬 정보의 출처는 유가증권보고서** ·····························

제1 [기업의 현황]
1 [주요 경영지표 등의 추이]
(1) 연결경영지표 등   5년간 재무수치

	회차		77기	78기	79기	80기	81기
	결산연월		2017년 3월	2018년 3월	2019년 3월	2020년 3월	2021년 3월
주요 항목	매출	(백만엔)	489,095	1,055,682	1,200,560	1,308,519	1,758,910
	경상이익	(백만엔)	50,364	199,356	277,355	360,461	678,996
	모회사 주주에 귀속되는 당기순이익	(백만엔)	102,574	139,590	194,009	258,641	480,376

3

[게임]
실적 변동이 큰 요인을 파악하자

왜 실적 변화가 클까?

 그렇지만 아까 분석을 보고 궁금한 점이 있는데, 닌텐도는 왜 실적이 매년 이렇게 달라지나요? 이런 부분도 재무제표를 통해 알 수 있나요?

 좋은 질문이에요. 이제 실적이 달라지는 이유를 살펴볼까요.

● **닌텐도 매출과 영업이익률 추이**

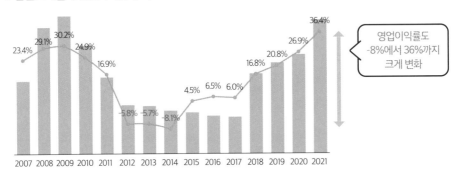

닌텐도의 15년간 재무수치를 시계열분석으로 살펴본 결과, 시기에 따라 매출이 크게 달라진다는 사실을 알 수 있습니다.

 왜 닌텐도의 실적은 이렇게 크게 달라질까요? 재무제표에서는 보이지 않는 부분부터 먼저 생각해봅시다.

 아무래도 인기 게임의 유무가 중요하지 않을까요?

인기 게임이라면 게임 소프트웨어 말인가요? 아니면 게임기인가요?

 게임기가 없으면 소프트웨어로 놀 수도 없으니까, 게임기가 중요하겠죠.

 게임을 판매하는 시기도 중요하다는 생각이 드네요. 매년 아이들이 게임기 사달라고 조르는 시기도 정해져 있고요.

 크리스마스나 설날 같은 때 다들 사잖아요.

 맞아요. 다들 말한 대로 게임 소프트웨어 판매 타이밍이나 게임 소프트웨어 를 실행하기 위한 게임 하드웨어 보급 등 게임 판매를 위한 변수는 많죠.

리스크 정보에서 사업 특성을 파악하자

닌텐도처럼 실적이 급격하게 변화하는 회사는 재무제표나 결산자료를 통해 변화 요 인을 알아볼 수 있습니다. 닌텐도의 결산자료에서 하나씩 확인해봅시다.

요인 ① 인기 상품 유무

우선 첫 번째 요인은 인기 상품 유무를 꼽을 수 있습니다. 이는 유가증권보고서의 [사업 등 리스크]에 기재되어 있습니다. 여기에 경영실적이나 주가에 영향을 미칠 가능성이 있는 리스크가 기재되어 있는데, 닌텐도는 게임 개발 기술이 계속 진화한 다는 점, 사용자의 취향이 끝없이 변하다 보니 매년 잘 팔리는 타이틀이 꼭 나온다 는 보장이 없다는 사실 등이 적혀 있습니다. 다음에 나오는 〈실적에 영향을 미치는 사업 등의 리스크〉 도표를 보면, '신제품 개발'이라는 내용이 있습니다. 이는 닌텐도 를 비롯한 게임회사는 좋든 나쁘든 인기 제품 유무에 따라 실적이 크게 변동한다 는 뜻입니다.

닌텐도의 2021년 3월기 실적은 매우 좋았습니다. 이는 매력적인 제품을 시장에

● 실적에 영향을 미치는 사업 등의 리스크

2【사업 등의 리스크】

당사 그룹[당사 및 관련 자회사]의 경영실적, 주가 및 재무상황 등에 영향을 미칠 가능성이 있는 리스크는 아래와 같은 것들이 있습니다. 다만 모든 리스크를 망라하지는 못하며 기재한 사항 이외의 예측하기 어려운 리스크도 존재합니다. 또한 본문에서 장래에 관한 사항은 당 연결회계연도 말 현재 시점에서 당사 그룹이 판단한 것입니다.

신제품 개발

게임 전용 소프트웨어 및 스마트 디바이스용 애플리케이션 개발에는 상당한 시간과 비용이 필요한 한편, 사용자의 취향은 상시 변화하고 있으며 모든 신제품이나 새로운 서비스가 사용자에게 받아들여진다는 보장은 없습니다. 하드웨어의 개발에는 오랜 시간이 필요한 한편, 기술은 끊임없이 진보하기에 오락에 필요한 기술을 장착하지 못할 가능성이 있습니다. 또한 출시가 늦어지면 시장 점유율 확보가 어려워질 수 있습니다.

또한 당사의 제품 및 서비스는 이러한 특성 때문에 계획한 시기에 맞추어 판매, 제공을 개시하기가 곤란할 수가 있고, 개발을 중단 또는 중지하는 일도 있어, 초기 계획과는 크게 달라질 가능성이 있습니다.

컴퓨터 엔터테인먼트 분야에서 이러한 개발 프로세스는 복잡하며 불확실하므로 상기 리스크에 대응하지 못하는 경우 당사 그룹의 재정상태, 경영실적 및 현금흐름에 악영향을 미칠 가능성이 있습니다. 당사 그룹에서는 계속해서 참신하고 매력적인 신제품 개발에 매진하고 있습니다.

● 변화 요인 ① 히트 상품 유무

결산설명회 자료(2021년 3월기)에서

모여봐요 동물의 숲	마리오 카트 8 디럭스	슈퍼 마리오 3D컬렉션	링 피트 어드벤처
2,085만개	1,062만개	901만개	738만개

밀리언셀러 타이틀 수(당시)
36개 (자사 22개, 타사 14개)

2020년 4분기는
밀리언셀러 타이틀이 36개로,
닌텐도의 실적에 크게 공헌

다수 출시했기 때문입니다. 닌텐도의 결산설명회 자료에 기재된 것처럼, 엄청난 히트라고 할 수 있는 밀리언셀러 타이틀을 36종이나 출시한 결과 매출을 크게 끌어올렸습니다.

요인 ② 계절적 변동

[사업 등 리스크]에는 그 외에도 계절적 변동이라는 내용이 있습니다. 콘솔 게임은 매력적인 제품을 개발하는 것은 물론이고 발매 시기도 중요합니다. 매년 판매실적을 보면 알 수 있듯, 크리스마스나 설날처럼 이벤트가 몰려 있는 연말 성수기의 수요가 가장 높습니다. 따라서 연말 성수기에 매력적인 제품을 출시할 수 있는지가 매출에 큰 영향을 미칩니다.

● **변화 요인 ② 계절적 변동** ···

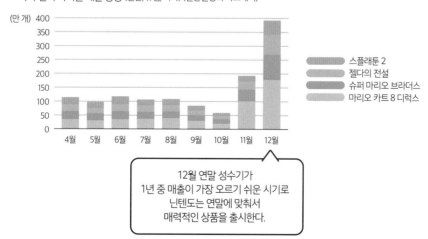

유가증권보고서(2021년 3월기 P11~12)에서

2 [사업 등의 리스크]
당사 그룹[당사 및 연결자회사]의 경영실적, 주가 및 재무상황 등에 영향을 미칠 가능성이 있는 리스크는 다음과 같습니다. 다만 모든 리스크를 망라한 것은 아니며 기재한 사항 이외에 예측하기 어려운 리스크도 존재합니다. 또한 본문에서의 장래에 관한 사항은 당 연결회계연도 기말 현재 시점에 당사 그룹이 판단한 것입니다.

> 사업 등 리스크의 정보에서 기업의 비즈니스 특징을 알 수 있다.

실적의 계절적 변동
당사 제품 수요의 대부분은 연말 성수기나 설날 연휴 등에 집중되기 때문에 계절적으로 변동합니다. 이러한 시기에 매력적인 신제품을 투입하지 못하거나, 제품의 공급이 시기를 맞추지 못한 경우에는 실적에 영향을 미칠 수 있습니다.

> 연말 성수기에 매력적인 상품을 출시할 필요

자사 인기 타이틀 매출 동향 (일본/유럽/미국) (결산설명회 자료에서)

(만 개)

- 스플래툰 2
- 젤다의 전설
- 슈퍼 마리오 브라더스
- 마리오 카트 8 디럭스

> 12월 연말 성수기가 1년 중 매출이 가장 오르기 쉬운 시기로 닌텐도는 연말에 맞춰서 매력적인 상품을 출시한다.

닌텐도의 매출을 연간 기준으로 살펴보면, 11월과 12월에 매출이 몰린다는 사실을 알 수 있습니다. 12월 연말 성수기가 1년 중 가장 많은 매출을 올리는 시기라는 뜻입니다.

 그러고보니 포켓몬스터 신작은 늘 가을 즈음에 출시되네요.

 그렇군요. 닌텐도 실적을 예상하려면 연말 성수기 직전에 출시하는 상품 라인업을 확인해야겠네요.

요인 ③ 하드웨어 보급

매출에 큰 변화가 생기는 원인 중 세 번째로는 게임기 보급을 꼽을 수 있습니다. 게임 소프트웨어만으로는 게임을 즐길 수 없습니다. 그러므로 게임기를 먼저 보급해야 하는데, 게임기의 보급률이 오르지 않으면 실적에 큰 영향을 미칩니다.

 그럼 여기서 질문! 보통 게임기와 게임 소프트웨어 중 어느 쪽의 이익률이 높을까요?

 게임 소프트웨어 아닐까요? 다운로드 판매도 할 수 있는 소프트웨어와는 달리 게임기는 실제 물건으로 판매해야 하고, 배송 비용 등도 들어가니까요.

닌텐도는 매출에서 게임기가 차지하는 비율을 공개하고 있습니다. 전체 매출 중 게임기 비율과 매출 총이익률 추이를 시계열로 살펴보면 재미있는 그래프가 나타납니다. 매출에서 게임기의 비율이 상승하면 매출 총이익률이 하락하고, 반대로 매출 중 게임기 비율이 하락하면 매출 총이익률이 상승합니다. 즉 두 가지 요소는 기본적으로 서로 반대 방향의 움직임을 나타내는 관계입니다.

● 게임기 매출 비율이 상승하면 이익률이 떨어진다

닌텐도 매출 총이익률과 매출 중 게임기 비율의 분기별 추이

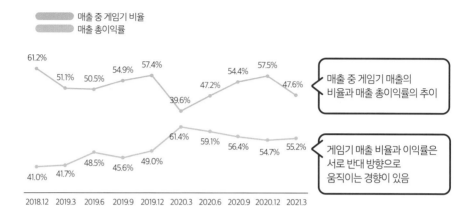

- 매출 중 게임기 비율
- 매출 총이익률

매출 중 게임기 매출의 비율과 매출 총이익률의 추이

게임기 매출 비율과 이익률은 서로 반대 방향으로 움직이는 경향이 있음

● 게임기가 팔리지 않으면 소프트웨어도 팔리지 않는다

| 게임기 | 이익률 낮음 |
| 게임 소프트웨어 | 이익률 높음 |

게임 개발사들은 일반적으로 게임기로는 이익을 내지 않고 소프트웨어 판매로 이익을 낸다.
따라서 소프트웨어 판매실적이 좋지 않으면 원가율은 올라가는 경향이 있다.

게임기가 팔리지 않으면 소프트웨어도 팔리지 않는다

앞의 두 지표 추이에서도 알 수 있듯, 게임기보다도 게임 소프트웨어가 이익률이 높다는 점을 알 수 있습니다. 게임기가 보급되지 않으면 소프트웨어도 팔리지 않는 만큼 우선 게임기 가격을 내려서 구매를 유도하고, 그 후 소프트웨어에서 이익을 늘리는 판매 전략이 재무수치에도 나타납니다.

어라? 그 말은 만약 열심히 개발한 게임기가 잘 안 팔리면 실적도 같이 나빠진다는 뜻인가요?

 좋은 관점이에요. 실제로 2010년대 적자를 기록한 원인이 바로 그 부분입니다. 당시 사례도 소개하겠습니다.

● **닌텐도의 매출과 매출원가율 추이**

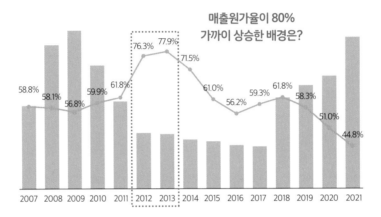

매출원가율이 80%
가까이 상승한 배경은?

● **2011년 3DS 가격 할인을 실시**

고객 여러분께   2011년 7월 28일
                                        닌텐도 주식회사

닌텐도 3DS 할인 안내
8월 11일부터 제조사 희망 판매가격을 15,000엔으로

닌텐도 주식회사(대표 이와타 사토루)는 올해 2월 26일 일본 국내에서 발매한 닌텐도 3DS의 제조사 희망판매가격을 아래와 같이 변경하기로 한 점을 안내드립니다.

현행 제조가 희망 판매가격 25,000엔(세금 포함)

2011년 8월 11일부터 15,000엔(세금 포함)

> 이전 판매가격에서
> 1만엔이나 할인 판매

앞으로 출시할 소프트웨어도 라인업을 늘려 연말 성수기에 맞춰 닌텐도 3DS 보급에 최선을 다하기 위해 위와 같이 가격 할인을 시행하기로 하였습니다.

닌텐도의 매출과 원가율 추이

닌텐도의 매출과 매출원가율을 시계열에 따라 살펴보면, 2012년 3월기 무렵부터 매출원가율이 크게 상승한 사실을 알 수 있습니다. 왜 이 시기에만 매출원가율이 증가했을까요?

3DS의 판매가 크게 부진, 고민 끝에 가격할인

원인을 알아보기 위해 당시 공시자료를 확인해봅시다. 2011년 7월 닌텐도 3DS(휴대용 게임기)를 원래 가격에서 1만엔이나 할인해서 판매했다는 사실을 알 수 있습니다. 당시에는 스마트폰 보급이 빠르게 진행되었다는 사회적 요인이 있었는데, 모바일 게임이 등장하면서 닌텐도가 역풍을 맞았습니다. 그 때문에 휴대용 게임기인 닌텐도 3DS의 판매가 크게 위축되었고, 그리하여 닌텐도는 고민 끝에 대대적인 할인을 시행했습니다.

● 게임기 가격할인 시행 이후 실적

유가증권보고서(2012년 3월기 P8)에서

(1) 생산실적

연결회계연도 생산실적은 다음과 같습니다. 또한 당사 그룹(당사 및 연결자회사)은 단일 사업부문이므로 제품 종류별로 기재했습니다.

	종류	금액 (백만엔)	전년 동기 대비(%)
	하드웨어		
	휴대형 게임기 본체	248,436	△13.0
	거치형 게임기 본체	112,856	△54.5
	그 외	28,002	△52.5
레저 기기	하드웨어 합계	389,294	△34.3
	소프트웨어		
	휴대형 게임 전용 소프트웨어	126,247	△24.7
	거치형 게임기용 소프트웨어	108,420	△50.8
	소프트웨어 합계	234,667	△39.6
	레저 기기 합계	623,962	△36.4
기타	트럼프 및 카루타	235	△35.4
	합계	624,198	△36.4

위 금액은 판매가격에 따라 산출하였으며 소비세 등은 포함되지 않습니다.

(3) 판매실적

연결회계연도 판매실적은 다음과 같습니다. 또한 당사 그룹은 단일 사업부문이므로 제품 종류별로 기재했습니다.

	종류	금액 (백만엔)	전년 동기 대비(%)
	하드웨어		
	휴대형 게임기 본체	234,604	△21.4
	거치형 게임기 본체	116,022	△52.2
	기타	36,881	△46.5
레저 기기	하드웨어 합계	387,508	△36.5
	소프트웨어		
	휴대형 게임 전용 소프트웨어	128,009	△23.4
	거치형 게임기용 소프트웨어	117,360	△47.0
	콘텐츠 수입 기타	13,223	△ 3.3
	소프트웨어 합계	258,592	△35.7
	레저 기기 합계	646,100	△36.2
기타	트럼프 및 카루타 외	1,551	△ 9.5
	합계	647,652	△36.2

1. 위 금액에는 소비세 등은 포함되지 않습니다.
2. 장소별 판매실적이 총 판매실적의 10% 이상인 주요 판매처는 없습니다.

가격할인을 시행한 2012년 3월기

2012년 3월기 유가증권보고서에서 생산실적과 판매실적을 확인해보면, 판매실적보다 생산실적이 웃돌았습니다. 기초와 기말 재고 부분이 고려되지 않았기 때문에 판매실적과 생산실적 간 비교는 정확하게 맞아떨어진다고는 하기 어렵습니다만, 원가율 상승을 포함해서 상당히 고생했다는 사실을 알 수 있습니다. 요약하면 제조한 상품이 팔리지 않았다는 뜻입니다.

이러한 사례에서도 알 수 있듯 게임기 보급은 닌텐도의 실적에 큰 영향을 미친다는 점을 알 수 있습니다.

 게임을 만들어 팔기만 한다고 생각했는데, 생각보다 많은 요소가 어우러진 끝에 비로소 인기 게임이 나오는 거군요.

 그렇습니다. 일상에서는 쉽게 깨닫기 어렵지만 재무제표를 보면 닌텐도라는 회사의 특징을 알 수 있지요?

게임기를 보급하고 인기 제품을 개발해서 연말 성수기에 출시하는 선순환 구조가 잘 구축되면, 닌텐도의 매출은 크게 오르는 경향을 보입니다. 이처럼 닌텐도의 매출이 크게 달라지는 이유는 재무제표만 확인해도 알 수 있습니다. 시계열로 수치를 자세히 들여다보면서 기업의 특징을 살펴봅시다.

● 닌텐도의 실적이 오르는 선행지표

| 게임기를 보급한다 | → | 인기 상품을 만든다 | → | 연말 성수기에 출시한다 |

3단계가 잘 이루어지면 닌텐도의 실적은 오른다

● **【사업 등 리스크】** ⋯⋯⋯

> **2【사업 등 리스크】**
>
> 당사 그룹[당사 및 연결자회사]의 경영실적, 주가 및 재무상황 등에 영향을 미치는 가능성이 있는 리스크에는 다음과 같은 것들이 있습니다. 다만 모든 리스크를 망라한 것은 아니며 기재한 사항 이외의 예견하기 어려운 리스크도 존재합니다. 또한 본문 중의 장래에 관한 사항은 당 연결회계 연도말 현재에 당사 그룹이 판단한 것입니다.

정보 출처: 리스크 상황

이번 내용의 정보 출처는 일본 유가증권보고서의 [사업 등의 리스크]라는 부분입니다. 특정 회사의 비즈니스가 어떤 특징이 있는지 기재되어 있으므로 기업의 특징에 대해 알고 싶을 때는 이 부분도 살펴봐주세요.

4

[게임]
기업의 안정성을 파악하자

재무수치에서 확인할 수 있는 기업의 안정성

 닌텐도의 실적이 불안정하다는 사실은 알았는데, 이렇게 불안하면 관계자들은 힘들지 않을까요?

 인기 게임은 미리 예상하기도 어렵잖아요. 닌텐도 정도면 사람들이 관심갖는 제품도 계속 나올 것 같기는 하지만요.

 사실 불안정한 실적에 대해서 닌텐도가 어떤 대응책을 세웠는지도 재무제표를 통해 확인할 수 있습니다. 마지막으로 이 부분을 살펴보면서 시계열분석 기초를 마무리하겠습니다. 실적 변동이 심한 닌텐도는 어떤 대책을 세웠을까요? 재무제표를 확인해봅시다.

해설 ① 1조엔이 넘는 현금을 보유

재무상태표의 자산내역을 보면 알 수 있지만, 닌텐도는 엄청난 현금을 보유하고 있습니다. 일본에서 1조엔 가까운 현금을 보유한 회사는 좀처럼 찾기 어렵습니다. 수중에 다량의 현금 등을 보유하면 실적이 악화했을 때 안정성을 확보할 수도 있고, 언제든 다음 제품을 위한 개발과 투자 등을 할 수 있습니다.

 게임을 개발하는 사람도 마음의 여유가 중요하겠네요. 인기 게임을 만들지 못하면 회사가 망한다는 압박감이 들어서 힘들지 않을까요?

해설 ② 부채 없는 경영

다음으로 재무상태표의 부채내역을 살펴봅시다. 차입금 등 유이자 부채가 거의 없습니다. 이처럼 닌텐도는 무차입 경영을 오랜 기간 지속하면서 현금유출을 억제하고 있다는 사실을 알 수 있습니다.

● **닌텐도의 유동자산 내역**

(1) [연결재무제표]

① 연결재무상태표 (단위:백만엔)

자산	전기 연결회계연도 (2020년 3월 31일)	당기 연결회계연도 (2021년 3월 31일)
유동자산		
현금 및 예금	890,402	1,185,151
수취수표 및 매출채권	133,051	140,570
유가증권	326,382	557,238
재고자산	88,994	86,817
기타	63,268	50,692
대손충당금	△515	△94
유동자산 합계	1,501,583	2,020,375

2021년 3월기

● **닌텐도의 부채내역**

2021년 3월기

(단위:백만엔)

부채	전기 연결회계연도 (2020년 3월 31일)	당기 연결회계연도 (2021년 3월 31일)
유동부채		
지불수표 및 매입채권	98,074	114,677
상여충당금	4,394	5,227
미지불 법인세 등	66,411	157,307
기타	186,801	249,119
유동부채 합계	355,683	526,331
비유동부채		
퇴직급여에 따른 부채	20,450	21,001
기타	17,052	24,970
비유동부채 합계	37,503	45,972
부채합계	393,186	572,304

● 닌텐도의 비유동자산내역

① 연결재무상태표 (단위:백만엔)

	전기 연결회계연도 (2020년 3월 31일)	당기 연결회계연도 (2021년 3월 31일)
자산		
비유동자산		
유형자산		
건물 및 건축물(순액)	38,149	42,230
공구, 기구 및 비품(순액)	4,681	4,783
기기설비 및 운반구(순액)	1,678	1,591
토지	37,685	34,785
건설가계정	672	178
유형자산 합계	82,866	83,569
자산합계	1,934,087	2,446,918

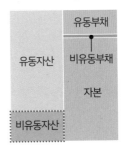

2021년 3월기

해설 ③ 팹리스 경영

닌텐도는 자사에 공장을 두지 않는 팹리스 경영을 채택하고 있습니다. 공장을 자사에 두지 않으므로 총자산에서 유형자산 비율이 무척 낮습니다. 제조를 외부 기업에 위탁해 공장 운영으로 발생하는 고정비를 억제하고, 매출이 떨어져도 적자에 빠지는 리스크를 줄이고 있습니다.

닌텐도는 사업의 특성상 실적 변동이 심하지만, 이처럼 다양한 대책을 세우고 실적이 좋지 않아도 버틸 수 있는 만큼 튼튼한 재무 체질을 갖추고 있습니다. 닌텐도뿐만 아니라 대부분 게임회사는 실적이 급격하게 변동합니다. 따라서 닌텐도와 마찬가지로 현금보유율을 높이거나 차입금 비율을 낮추는 게임회사들이 많고, 그 결

【사업 등의 리스크】

외부기업에 제조 의존

당사 그룹은 주요 제품의 제조나 제품 조립을 그룹 외 기업에 위탁하고 있으며, 그룹 외 기업의 도산 등에 따른 중요 부품 조달 및 제조에 지장이 생길 가능성이 있습니다. 또한 제조업자가 당사 그룹이 필요로 하는 수량을 예정대로 공급하지 못할 가능성도 있습니다. 중요 부품이 부족하면 부품의 가격 급등으로 인한 이익률 저하뿐만 아니라 제품의 공급 부족이나 품질 관리 등으로 문제가 발생하여 고객과의 관계 악화를 일으킬 가능성이 있습니다. 또한 제조 위탁처의 생산거점이 해외에서의 폭동이나 재해 등이 일어나는 경우 생산이 늦어져 실적에 악영향을 미칩니다.

● 현금이 많고 부채 비율이 낮은 게임업계

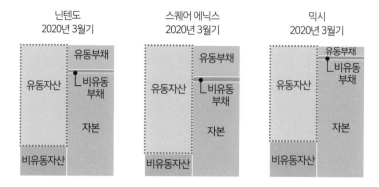

과 다른 게임회사들의 재무제표 형태도 닌텐도와 비슷한 경우가 많습니다.

 3DS의 실적이 떨어져도 현금을 많이 보유했으니 스위치를 개발할 자금을 댈 수 있었겠네요.

 현금도 많이 보유하거나 무차입 경영을 하는 식으로 만약 실적이 고꾸라져도 버틸 수 있도록 자금순환 대책을 하는 거군요.

 자산을 보유하는 방식이나 재정 상태를 통해 닌텐도의 특징이 보이네요.

 여러 해에 걸친 결산 수치를 보니 회사의 여러 가지 모습을 알 수 있었어요.

 맞아요! 기업의 과거를 분석해보면 기업을 더욱 깊게 이해할 수 있고, 이러한 지식을 바탕으로 장래를 예측해서 인사이트를 얻을 수 있죠.

 그렇군요. 그럼 과거와 현재는 알겠는데 미래도 시계열분석으로 예측할 수 있나요? 닌텐도는 앞으로 어떻게 될까요?

 앞으로도 실적이 크게 바뀌는 경향이 이어질까요?

 후후, 그럼 마지막으로 앞으로 닌텐도가 어떻게 될지 생각해보죠.

여기까지는 닌텐도의 과거 실적을 시계열로 늘어놓고 비즈니스의 특징이나 경영 방침에 관해서 확인했습니다. 그럼 닌텐도는 앞으로도 이렇게 실적 변화가 클까요? 여기서부터는 과거의 실적을 살펴보는 동시에 미래에 대해서도 생각해보겠습니다.

게임업계 최근 경향은?

최근에는 게임기의 비즈니스 모델도 변하고 있습니다. 예를 들어 소니의 부활에 가장 큰 도움을 준 플레이스테이션(PS4)를 보면, 기존 플레이스테이션 시리즈와는 수익모델이 크게 다릅니다. 기존 모델은 기기를 한 번 판매하면 끝나는 일회성 판매 방식이었다면, 플레이스테이션4는 기존 판매 방식에 서브스크립션(구독형 과금 서비스)을 조합한 수익모델로 변화했습니다. 그 결과 판매가 완료된 순간뿐만 아니라 이후에도 지속해서 수익을 올려 매출에 크게 공헌했습니다.

이처럼 기존에는 한 번 기기나 게임을 판매하면 더는 수익이 발생하지 않았지만, 이제 게임회사들은 게임을 판매한 이후에도 계속해서 수익을 만드는 구조를 구축

● **Sony와 플레이스테이션** ·············

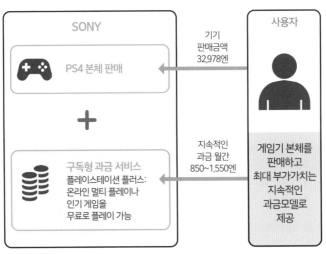

※ 2022년 5월 공식 홈페이지 정보를 바탕으로 작성

닌텐도 스위치 온라인 요금 플랜

개인 플랜			패밀리 플랜
1개월(30일간)	3개월(90일간)	12개월(365일간)	12개월(365일간)만 있음
306엔	**815엔**	**2,400엔**	**4,500엔**

※ 2022년 5월 공식 홈페이지 정보를 바탕으로 작성

하고 있습니다. 따라서 이전과 비교하면 실적도 안정적으로 유지될 가능성이 충분히 있습니다.

 구독 모델 매출이 증가하면서 매출 변화도 점점 안정될 가능성이 있겠네요.

여기까지 특정 기업을 대상으로 시계열분석을 했습니다. 닌텐도의 이름은 아시는 분들도 많겠지만 이 챕터를 읽기 전과 비교하면 회사를 보는 눈이 크게 달라졌을지 모릅니다. 이처럼 기업의 재무수치를 시계열로 늘어놓고 비교해보면 새로운 깨달음을 얻는 계기가 됩니다. 어떤 수치들을 비교할지 의식하는 것을 잊지 말고 시계열분석에 도전해보세요.

● 이번 장에서 다룬 정보 출처 ··

① 유가증권보고서
• 제1 [기업의 개요]
• 제2 [사업 현황]
• 제5 [회계 현황]

② 결산설명회 자료
③ 적시공시(결산단신)
④ 기업 웹사이트

Chapter 2

시계열분석을
응용해보자

1

[도입]
시계열분석의 포인트, 전환점과 이상 수치

어느 숫자를 보면 될까? 전환점과 이상 수치

앞장에서는 시계열분석의 기초편을 다루었습니다. 여기서부터는 응용편이므로 실제로 재무제표를 읽는 법을 두 가지 소개하겠습니다.

시계열분석을 할 때 어느 부분을 보면 좋을지 모르겠다거나, 숫자를 전부 살펴봐야 하느냐는 질문을 자주 받습니다. 사실 중점적으로 봐야 할 포인트는 어느 정도 범위를 좁힐 수 있습니다. 재무수치 분석을 통해 기업의 이면에서는 어떤 일이 일어나고 있는지 함께 살펴봅시다.

시계열분석의 중요성은 알겠는데, 숫자가 빽빽하게 나열된 자료를 보기만 해도 어디를 봐야 할지 모르겠어요.

음, 그건 그래요. 최근 자료부터 순서대로 살펴본다고 해도 엄청난 시간이 걸리잖아요.

그렇군요. 어디서 무슨 일이 일어나고 있는지 확인하기 위해서는 숫자를 봐야 하긴 하는데, 정보가 너무 많다 보니 어디를 봐야 하면 좋을지 고민일 수도 있지요. 그래서 시계열분석 응용편으로, 분석할 때 중요한 사항 두 가지를 소개하려고 합니다.

시계열분석의 포인트는 크게 두 가지인데, 첫 번째는 전환점입니다. 예를 들어 다음 도표에서 보면 알 수 있듯이, 매출이 우상향으로 늘어나다가 특정 시점부터 감소 추세로 전환한 기업이 있다고 합시다. 그 경우 추세가 전환된 시점에 기업에서 어떤 일이 일어났는지 살펴보는 방식입니다.

두 번째는 이상 수치를 확인하는 방법입니다. 예를 들어 매출 추이가 계속 일정하게 움직이다가 특정 시점에 갑자기 매출이 감소한 기업이 있다고 합시다. 다른 시기와는 뚜렷하게 구분되는 움직임이 나타났을 때는 그 시점에 어떤 일이 발생했는지 해당 시기를 중점적으로 살펴보는 방법이 이상 수치 분석입니다.

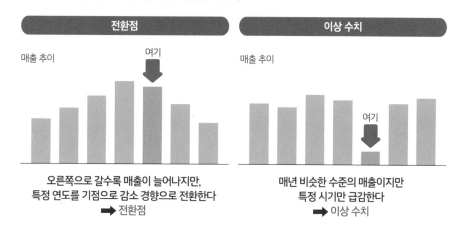

● **수치가 변화한 시점에 무슨 일이 일어났는지 분석** ·····

전환점	이상 수치
매출 추이 여기	매출 추이 여기
오른쪽으로 갈수록 매출이 늘어나지만, 특정 연도를 기점으로 감소 경향으로 전환한다 ➡ 전환점	매년 비슷한 수준의 매출이지만 특정 시기만 급감한다 ➡ 이상 수치

2장에서는 실제 기업의 사례를 보면서 전환점과 이상 수치를 읽는 법을 소개하겠습니다.

2

[철도]
전환점 1: 도쿄 스카이트리를 건설한 전략적 배경을 파악해보자

다각화하는 철도사업의 핵심 사업

이번에는 일본 도쿄에서 사이타마까지 수도권 구간을 달리는 철도를 주력 사업으로 운영하는 토부철도(토부그룹, Tobu Group) 사례를 살펴보겠습니다. 이 회사는 도쿄에서 전파탑 '도쿄 스카이트리'를 운영하는데, 스카이트리 오픈 전후 재무제표가 어떻게 변화했는지 주목하면서 살펴봅시다.

Q 토부철도에서 가장 이익을 내는 사업은 어느 것일까?

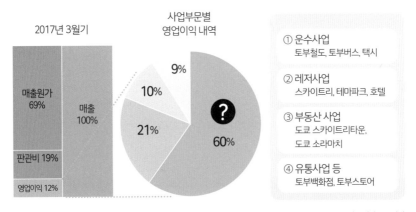

※ 토부철도 2016년 4분기 유가증권보고서를 바탕으로 작성

이번 장에서 다룰 기업

● 토부철도
일본 간토(도쿄를 중심으로 한 수도권-옮긴이)의 1도 4현(도쿄를 비롯한 주변 지역으로 가나가와, 사이타마, 치바, 도치기-옮긴이) 지역을 달리는 토부철도를 중심으로 소매업, 부동산, 레저 사업을 운영한다.

● 다각화하는 토부철도의 사업

운수사업　　레저사업　　유통사업　　부동산 사업

● 토부철도 매출 및 영업이익률 추이

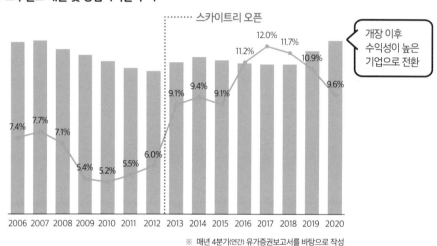

스카이트리 오픈

7.4%　7.7%　7.1%　5.4%　5.2%　5.5%　6.0%　9.1%　9.4%　9.1%　11.2%　12.0%　11.7%　10.9%　9.6%

개장 이후
수익성이 높은
기업으로 전환

2006 2007 2008 2009 2010 2011 2012 2013 2014 2015 2016 2017 2018 2019 2020

※ 매년 4분기(연간) 유가증권보고서를 바탕으로 작성

　　우선 토부철도가 어떻게 사업을 운영하는지 간단하게 소개하겠습니다. 토부철도의 핵심 사업은 철도, 즉 운수사업입니다. 또한 토부백화점이라는 유통사업과 더불어 전파탑인 스카이트리, 스카이트리 안에 오피스 시설 및 쇼핑몰 등이 입점한 '도쿄 소라마치', 부동산 사업까지 다방면에 걸쳐 사업을 운영하는 회사입니다.

　　앞의 도표는 토부철도의 매출과 영업이익률 추이입니다. 토부철도는 2012년 이전 영업이익률이 5~7%대 수준이었습니다. 그러다가 2012년에 도쿄 스카이트리를 개장했는데, 그 이후 갑자기 이익률이 치솟았습니다.

　　그럼 퀴즈로 돌아갑시다. 토부철도에서 가장 이익을 내는 사업부문은 어디인지 맞추는 문제였습니다. 이 퀴즈는 2017년 3월기 토부철도 손익계산서를 바탕으로 영업이익 내역을 살펴보는 것입니다. 참고로 이 시기는 최근 들어 토부철도에서 가장 이익률이 높았던 해입니다.

 스카이트리 완성 이후 급격하게 이익률이 올라갔다는 점을 떠올려보면 2번 레저사업이 가장 그럴듯하지 않나요? 아닌가요?

 글쎄요, 레저사업이 그렇게 이익률이 높지는 않을 것 같은데요.

 스카이트리는 저도 가봤는데 상업 시설도 있었어요. 관광객이 많이 오니까 유통사업도 잘되지 않을까요.

 그렇군요, 하지만 유통사업은 원래 이익률이 높지 않은 편이에요.

 이 중에서 비교적 이익률이 높은 부문은 부동산 사업 아닐까요? 스카이트리에는 오피스도 많이 입주해있고요. 저는 3번이 아닐까 싶어요.

 그렇군요, 3번으로 할게요.

 일리 있는 의견이에요. 그렇지만 아쉽네요, 정답은 1번 운수사업이에요.

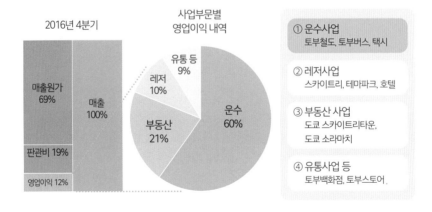

2006년 이후 중기경영계획
'토부그룹 중기경영계획 책정에 대해'(2006년 5월 17일)에서 발췌

2 성장기반 확립

① 철도사업의 경영기반 강화
수요 증가에 도움이 되는 시책을 중점적으로 실시함과 동시에 철도를 통한 모객 역량을 살려 역 주변 지역의 사업을 개발하고 진출을 도모합니다.

② 그룹 사업의 수익력 강화
그룹 내 각 사업의 자주 자립 경영을 추진함과 동시에 그룹으로서 연계를 강화하고, 더욱 단단한 수익기반을 확립하는 것을 목표로 합니다. 또한 철도사업에 이어 임대사업을 그룹 수익의 핵심으로 삼아 강화 및 확대를 도모합니다.

③ 노선 활성화 전략의 추진
노선의 거점 개발을 추진하고 지역경제의 활성화에 공헌합니다.
- 개발 거점 : 나리히라바시(業平橋), 오시아게(押上), 니시아라이(西新井), 스기도(杉戸), 시모이타바시(下板橋) 등
- 관광거점 : 닛코(日光), 키누가와 온천(鬼怒川温泉) 등
  <u>그룹의 모든 힘을 모아 나리히라바시 및 오시아게 프로젝트를 추진합니다.</u>
- 새로운 타워를 중심으로 종합적인 시점에서 대규모 복합 개발을 추진하기 위해 회사 내에 '나리히라바시 오시아게 지구 개발사업본부'를 설치

> 당시 아직 도쿄 스카이트리의 이름은 결정되지 않았지만 새로운 타워 건설 예정지로 나리히라바시 및 오시아게 지구가 결정

도쿄 스카이트리의 설립 목적은?

먼저 토부철도 공시자료를 통해 왜 스카이트리를 건설했는지에 대한 배경을 살펴봅시다. 시간을 거슬러 토부철도의 2006년도 중기경영계획을 확인해보면 철도사업의 수익성을 높이기 위한 성장전략 내용이 있습니다.

2006년 자료네요. 당연하지만 도쿄 스카이트리라는 이름은 아직 등장하기 전이네요.

맞아요. 당시에는 '새로운 타워'라는 이름으로 설명이 있죠. 과거의 자료를 보면 당시 상황을 알 수 있어서 흥미로워요.

사실 토부철도는 2000년 무렵 상당한 부채 채권을 떠안고 있어서 경영상황이 좋

지 못했습니다. 이로 인해 2000년에서 2005년에 걸쳐 불량채권을 정리하고 회복에 성공했습니다. 실적을 끌어올리기 위한 토대를 마련하고, 드디어 기업의 성장을 도모하고자 2006년 무렵 중기 경영계획이라는 사업전략을 수립했습니다.

자료에서는 철도사업의 수익성을 높이고자 하는 의도를 확인할 수 있습니다. 수익성을 끌어올리는 방법의 하나가 '나리히라바시 및 오시아게 프로젝트'입니다. 이것이 훗날 도쿄 스카이트리 프로젝트입니다. 당시에는 아직 도쿄 스카이트리라는 이름이 정해지지 않아서 새로운 타워 건설 예정지 이름이 프로젝트명으로 기재되어 있습니다.

도쿄 스카이트리 건설이 철도사업 수익 향상으로 어떻게 이어질까?

우선 스카이트리를 건설하면 토부철도는 어떤 이득을 얻을까요? 여기서 스카이트리 사업과 스카이트리타운 사업이 새롭게 등장합니다. 스카이트리 사업은 주로 레저 부분을 뜻합니다. 예를 들어 전망대 등 관광 관련 수입이 토부철도의 수익에 새롭게 추가됩니다. 또한 스카이트리는 전파탑이므로 NHK 등 방송 사업자로부터 오랜 기간에 걸쳐 전파탑 사용료 수입을 안정적으로 얻을 수 있습니다. 이처럼 스카이트리 사업, 레저사업, 모두 토부철도에게는 큰 이득입니다.

그 외에도 스카이트리타운 사업이라는 부동산 비즈니스가 새롭게 추가됩니다. 스카이트리 안에 있는 쇼핑몰 소라마치나 레저 장소 등 도쿄 스카이트리타운과 관련된 부동산 사업의 임대 수입을 얻습니다. 이처럼 토부철도는 스카이트리를 세워서 새로운 수입원을 얻을 수 있습니다.

그러나 토부철도가 의도한 가장 큰 목적은 철도 이용자의 증가입니다. 도쿄 스카이트리를 방문하는 사람들이 늘어날수록 토부철도 이용자도 덩달아 늘어납니다. 토부철도를 이용하는 사람들이 늘면 철도사업의 가동률과 이용률이 상승합니다. 스카이트리 건설로 인한 노선 개발 사업은 철도 이용자의 증가를 목표로 삼은 전략으로, 그야말로 다각화 전략의 정석입니다.

● 도쿄 스카이트리 건설로 토부철도가 얻는 이득 ···

스카이트리 사업(레저)	스카이트리타운 사업(부동산)	토부철도 (철도)
① 전파탑 NHK 등으로부터 장기에 걸쳐 안정적인 사용료 수입을 얻을 수 있음 ② 전망대 등 관광 수입 레저 목적의 입장 수입	① 도쿄 스카이트리타운 수입 스카이트리 아래에 있는 소라마치 (상점가)나 레저 장소 등 스카이트리타운으로 인한 수입. 부동산 사업 임대료 수입이 중심	① 철도 이용자 증가로 인한 수입 도쿄 스카이트리 방문자 중 많은 사람이 전철을 이용하고, 그 결과 토부철도의 이용자가 증가하여 이익률 상승

도쿄 스카이트리 건설 직후 수치 변화

실제로 스카이트리가 완공된 이후 수치는 어떻게 변화했을까요? 우선 레저사업의 추이를 살펴봅시다.

〈토부철도 레저사업: 매출 및 영업이익률 추이〉 도표를 보면 알 수 있듯이 스카이트리가 완성되기 이전 토부철도의 영업이익률은 줄곧 1% 전후를 기록했습니다. 그리고 스카이트리가 완성된 시점에서는 일시적으로 14.3%를 기록하는 등 10%대까지 이익률이 상승했습니다. 완성 직후 정점을 지난 후에는 천천히 하락하는 모습을 보입니다.

● 토부철도 레저사업: 매출 및 영업이익률 추이 ···

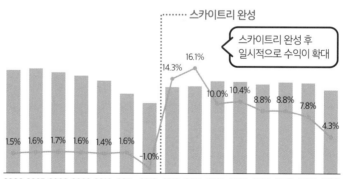

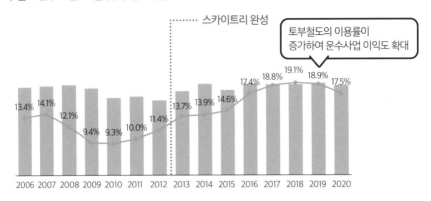

● 토부철도 운수사업: 매출 및 영업이익률 추이

스카이트리 완성

토부철도의 이용률이
증가하여 운수사업 이익도 확대

13.4% 14.1% 12.1% 9.4% 9.3% 10.0% 11.4% 13.7% 13.9% 14.6% 17.4% 18.8% 19.1% 18.9% 17.5%

2006 2007 2008 2009 2010 2011 2012 2013 2014 2015 2016 2017 2018 2019 2020

한편 철도사업은 원래 수익성이 높았지만, 스카이트리가 개장 이후 노선 개발이 활발하게 이루어져 이용자가 더욱 늘어났습니다. 결과 매년 이익률이 상승하는 모습을 나타냅니다(〈토부철도 운수사업: 매출 및 영업이익률 추이〉 참조). 스카이트리 개발 전후 수치를 통해 철도사업의 수익성을 높이고자 2006년에 세운 중기 경영전략에서 의도한 모습이 나타났다는 사실을 알 수 있습니다.

철도회사의 성장전략

토부철도는 수익성이 높은 철도사업을 주축으로 레저, 부동산, 유통 등 다양한 사업에 투자하고, 노선 주변의 개발에 투자하면서 노선 이용 인구를 늘립니다. 철도 이용자가 늘어나면 또다시 철도사업의 이익이 늘어나면서 새로운 투자재원이 만들어집니다. 이렇게 선순환이 일어나는 구조가 철도사업의 성장전략입니다.

 철도 운영 비용은 그대로일 테니 이용자가 늘어날수록 이익률이 오르겠네요.

도쿄 스카이트리는 그야말로 교과서 같은 다각화 전략을 수행한 사례입니다. 참고로 토부철도에서 스카이트리를 오픈한 2021년 3월기에는 수익이 늘어난 전환점이지만, 2020년에는 코로나의 영향을 크게 받아 이전과는 전혀 다른 이상 수치를 기록했습니다.

 과거 경영계획을 기점으로 이후 수치를 쭉 살펴보면, 당시 경영전략이 제대로 진행되었는지 확인할 수 있어서 흥미로워요.

● **다각화 전략: 철도와 노선 개발로 선순환을 만든다**

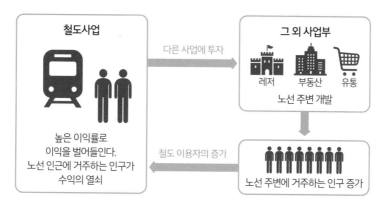

● **이번 장에서 다룬 정보 출처**

① 유가증권보고서
- 제1 [기업의 개요]
- 제2 [사업 현황]
- 제5 [회계 현황]

② 중기경영계획 책정 공시자료 등

[요식업]
전환점 2: 와타미의
사업매각 판단기준을 파악해보자

사업매각의 판단기준

이번에는 외식사업을 핵심으로 하는 기업의 사례를 소개하겠습니다. 이자카야 체인으로 유명한 '와타미'의 사업매각 당시 판단기준은 무엇인가에 대해 다룹니다. 우선 와타미의 재무상황을 살펴봅시다.

재무수치를 시계열로 살펴보면 매출은 오랜 기간 우상향으로 상승하는 모습을 나타냈지만, 2014년을 기점으로 크게 감소하는 추세입니다. 이 시기가 바로 전환점이라고 추측할 수 있습니다. 실제로 2014년에는 와타미의 블랙기업 문제 등이 뉴스에서 크게 보도되기도 했습니다. 이 부분이 와타미의 매출 추이에서 가장 먼저 알 수 있는 내용입니다.

● **와타미 매출 추이**

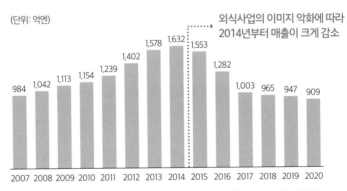

(단위: 억엔)

외식사업의 이미지 악화에 따라
2014년부터 매출이 크게 감소

※ 매년 4분기 유가증권보고서를 바탕으로 작성

이번 장에서 다룰 기업

● **와타미**

이자카야 체인 '와타미' 등 외식사업을 중심으로 배달이나 인재 서비스 사업을 운영한다.

 Q 와타미 매출감소 이후 재무상태표는 어느 것일까?

※ 2015년 3월기, 2020년 3월기 유가증권보고서를 바탕으로 작성

 눈치 채셨을지 모르겠지만, 2015년 3월기와 2020년 3월기 재무상태표 형태가 크게 바뀌었어요. 이렇게 형태가 바뀐 이유에 대해서는 나중에 설명하겠습니다. 우선 어느 쪽이 매출감소 이후(2020년 3월기)의 재무상태표인지 볼까요?

 매출감소 이전인 2015년과 매출감소 이후인 2020년 수치를 비교하는 문제이군요.

 매출이 심하게 감소한 이유는 외식사업 부진이 원인이겠지요. 그러면 부채가 적고 자본도 많은 2번이 2015년이 아닐까요.

 1번은 비유동자산 비율이 높네요. 외식사업은 비유동자산이 그렇게 크지 않을 것 같아요.

 어렵네요. 그냥 생각해보면 실적이 악화해서 부채가 늘어나고, 자본이 줄어든 1번이 매출감소 이후라고 생각해요.

 좋아요, 1번으로 하죠.

 음, 아쉬워요! 정답은 2번이에요.

왜 와타미는 매출이 감소했을까?

와타미는 외식사업이 중심인 회사입니다. 와타미의 재무제표 '사업 등의 리스크' 항목에 이러한 외식사업 리스크에 대해 기재되어 있습니다. 외식업은 기업의 브랜드 이미지 손상으로 인해 방문객이 크게 줄어드는 등의 리스크가 있습니다.

2014년을 기점으로 크게 기울다

〈와타미 매출 및 영업이익률 추이〉 도표는 와타미의 매출과 영업이익률의 추이를 나타낸 것입니다. 와타미의 일본 내 외식사업은 2014년에서 2015년 전후 적자로 전환했는데, 와타미의 전환점이자 전체 실적이 크게 바뀐 시기에 해당합니다.

● 브랜드 이미지 손상으로 인해 사업에 영향 ··

2015년 3월기 유가증권보고서

4 [사업 등의 리스크]

당사 그룹의 경영실적과 주가 및 재무상황 등에 영향을 미칠 가능성이 있는 리스크로는 이하와 같은 사항들이 있습니다. 본문에서 장래에 관한 사항은 당 연결회계연도 기말 현재 시점에 당사 그룹이 판단한 것입니다.

③ 매출 변동 요인에 대해
당사 그룹의 영업수입 중 중요한 부분을 차지하는 국내 외식사업은 세계 경제의 동향, 전쟁 및 테러, 자연재해 등으로 인한 사회적 혼란에 따른 수요 감소, 경쟁 매장 출점이나 가격 경쟁, 소비자 취향이나 시장 변화에 대응이 늦어지거나, 채용 계획 미달성 및 사원 육성 부진 등으로 인한 확대 전략이 충분하지 않은 등의 이유로 당사 연결실적에 악영향을 미칠 가능성이 있습니다. 또한, 당사 매장 내의 식중독 발생 등을 이유로 <u>브랜드 이미지가 저하하여 매장을 방문하는 고객 수가 감소하는 사건 등이 발생하는 경우 당사의 연결실적에 영향을 미칠 가능성이 있습니다.</u>

● 와타미 매출 및 영업이익률 추이 ··

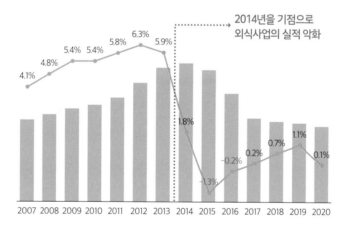

돈을 벌 수 있는 국내 외식사업이 큰 적자로 전락

와타미의 외식사업은 이익률 5% 전후를 기록했지만, 2014년 기점으로 영업이익률이 감소했습니다. 당시 와타미에서 일하던 직원의 과로사 사고를 다룬 보도가 이어지면서 블랙기업이라는 악명이 붙었죠. 그 때문에 외식사업 이용자가 감소했고, 결과적으로 가장 중요한 수익원인 외식사업이 적자에 빠지고 말았습니다.

외식사업의 적자 전환

2014년 3월기: 유가증권보고서(사업부문 정보) P83

당기 연결회계연도(2013년 4월 1일부터 2014년 3월 31일)

(단위: 백만엔)

| | 보고사업부문 | | | | 기타 | 합계 | 조절액 | 연결 재무제표 계상액 |
	국내외식	간병	배달	합계				
매출								
외부고객 매출	69,928	35,029	42,843	147,801	15,353	163,155	-	163,155
사업부문 간 내부매출 및 대환액	2,335	-	-	2,335	1,914	4,250	△4,250	-
합계	72,264	35,029	42,843	150,137	17,268	167,406	△4,250	163,155
사업부문 이익 또는 손실(△)	△1,917	3,631	3,406	5,120	231	5,351	△2,405	2,946

실적 회복을 위해 간병사업 매각

알아둬야 할 중요한 사실이 하나 더 있습니다. 와타미가 당시 가장 힘을 쏟았던 사업은 사실 외식사업이 아니라 간병사업입니다. 외식사업만으로는 앞으로 성장에 한계가 있다고 판단한 끝에 신규 사업인 간병사업에 힘을 쏟았지만, 2015년 12월 간병사업을 매각하는 의사결정이 내려집니다.

당시 사업부문 정보를 살펴보면 외식사업은 세간의 이미지가 크게 악화한 탓에 상당한 적자를 기록했습니다. 한편 와타미에게 간병사업은 가장 이익이 클 뿐만 아니라 앞으로 성장이 기대되는 사업이었습니다. 손을 뗀다면 배달사업 등 다른 선택지도 있었을 텐데, 누가 봐도 잘나가던 간병사업을 포기한 것입니다.

와타미 사업부문별 영업이익: 2015년 3월기

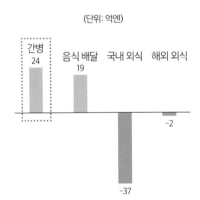

(단위: 억엔)

간병 24 / 음식 배달 19 / 국내 외식 -37 / 해외 외식 -2

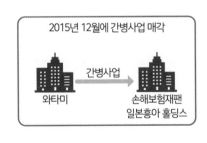

2015년 12월에 간병사업 매각

와타미 → 간병사업 → 손해보험재팬 일본흥아 홀딩스

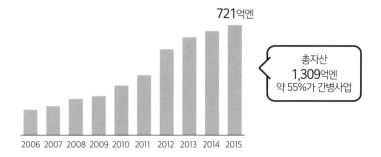

721억엔

총자산
1,309억엔
약 55%가 간병사업

2006 2007 2008 2009 2010 2011 2012 2013 2014 2015

간병사업은 거액의 투자자금이 필요

 왜 가장 많은 이익을 내던 간병사업을 매각했을까요? 고령화 시대에 성장성
도 높은 사업처럼 보이는데요.

 외식은 핵심 사업이니 그렇다 치더라도, 배달사업이 아닌 간병사업을 매각한
건 정말 의외네요.

 음, 사업부문별 이익만 보면 그렇게 보이겠죠. 그렇지만 재무상태표나 현금흐
름표를 보면 사실 나름대로 합리적인 이유가 있었어요.

　가장 이익이 나는 사업임에도 불구하고 왜 간병사업을 매각했는지 당시 재무제
표(《와타미 간병사업 자산 추이》 참조)를 확인해서 파악해봅시다. 우선 간병사업에는 거
액의 자산이 필요하다는 특징이 있습니다. 데이케어 센터 한 곳만 해도 토지나 건
물 등이 없으면 사업을 진행할 수 없습니다.

간병사업은 이익은 나지만 현금흐름은 적자

간병사업처럼 투자가 필요한 분야는 상당한 자산이 필요합니다. 거액의 투자가 필
요하다는 뜻은 현금이 빠져나가기 쉬운 사업이라는 뜻이기도 합니다.

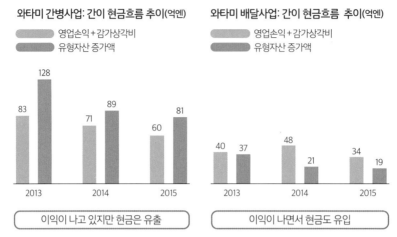

와타미 간병사업: 간이 현금흐름 추이(억엔)

▇ 영업손익＋감가상각비
▇ 유형자산 증가액

와타미 배달사업: 간이 현금흐름 추이(억엔)

▇ 영업손익＋감가상각비
▇ 유형자산 증가액

이익이 나고 있지만 현금은 유출

이익이 나면서 현금도 유입

※ 감가상각비는 현금이 빠져나가지 않는 비용 항목입니다. 그러므로 영업이익에 감가상각비를 추가하면 간편하게 영업활동으로 인한 현금흐름을 계산할 수 있습니다. 조금 복잡할 수 있으니 초보자라면 영업활동으로 인한 현금흐름을 간단하게 표현했다고 이해하면 됩니다.

〈현금유출이 큰 간병사업〉 도표는 와타미의 간병사업과 배달사업의 간이 현금흐름의 움직임을 나타낸 자료입니다.

먼저 왼쪽 도표는 와타미의 간병사업 추이를 나타낸 것입니다. 2013년에서 2015년에 걸쳐 들어오는 현금보다 나가는 현금이 크다는 사실을 알 수 있습니다. 즉 간병사업으로는 현금이 빠져나가는 상태입니다. 반면에 와타미의 배달사업은 이익이 나는데다 현금이 들어오는 구조입니다. 애당초 배달사업은 특별한 설비투자가 필요 없는 사업이므로 현금이 빠져나가는 일이 없습니다.

이렇게 재무제표를 통해 간병사업에서는 상당한 현금이 나가고, 배달사업에서는 현금이 들어온다는 사실을 파악할 수 있습니다. 아무리 이익이 나더라도 회사는 현금이 없으면 도산합니다. 그래서 당시 와타미 경영진이 현금유출이 심각했던 간병사업을 매각하기로 한 것입니다. 이익 추이만 보면 간병사업을 왜 매각했는지 알 수 없지만, 재무상태표나 현금흐름표를 함께 살펴보면 기업의 경영판단을 이해할 수 있습니다.

● 와타미의 경영판단 ··

> • 이익만 비교하면 가장 이익이 나는 간병사업보다 배달사업을 매각해야 할 것처럼 보임
> • 그러나 현금흐름표 기준으로 살펴보면 간병사업은 거액의 자금이 빠져나감
> • 외식사업이 저조한 상황에서는 현금확보가 최우선이므로 현금유출이 심한 간병사업을 매각

 간병사업을 매각한 결과 와타미의 재무수치는 어떻게 되었나요?

〈와타미 부채 및 자본 추이〉는 와타미의 재무상태표 추이입니다. 부채와 자본의 추이를 비교했습니다. 도표를 보면 간병사업을 매각하면서 간병사업 부채가 한꺼번에 줄어들어 부채액이 일시적으로 크게 감소했습니다. 원래 외식사업으로 벌어들인 돈을 간병사업에 투자하는 전략이었는데, 2014년 시점에 핵심 사업인 외식사업이 위기를 맞아 자기자본(회사의 총자산)이 크게 줄어들고 말았습니다.

당시 경영진은 이대로 간병사업에서 계속 자금을 사용하면 언젠가 현금흐름이 막혀 도산할지도 모른다는 판단을 하고, 간병사업을 매각하기로 했습니다. 2015년과 그 이후에는 재무상태표가 급격히 변화했는데, 이는 간병사업 자산과 부채가 크게 감소했기 때문이라는 점이 이번 장에서 다룬 핵심 내용입니다.

● 와타미 부채 및 자본 추이 ···

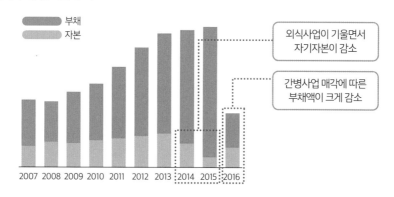

● 간병사업 매각으로 인한 자산 규모 축소

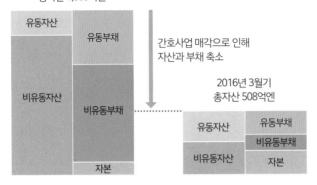

2015년 3월기
총자산 1,309억엔

유동자산

유동부채

비유동자산

비유동부채

자본

간호사업 매각으로 인해
자산과 부채 축소

2016년 3월기
총자산 508억엔

유동자산

유동부채

비유동부채

비유동자산

자본

● 와타미 유가증권보고서 중 사업부문 정보

2015년 사업부문 정보(P84)

(단위:백만엔)

| | 보고 사업부문 | | | | | 기타 | 합계 | 조절액 | 연결재무제표 계상액 |
	국내외식	배달	간병	해외외식	합계				
매출									
외부고객 매출	60,272	39,478	35,404	17,345	152,501	2,809	155,310	–	155,310
사업부문간 내부매출 또는 대환액	2,310	–	–	–	2,310	1,736	4,046	△4,046	–
합계	62,583	39,478	35,404	17,345	154,812	4,545	159,357	△4,046	155,310
사업부문 이익 또는 손실(△)	△3,699	1,911	2,399	△227	385	△110	274	△2,346	△2,072
사업부문 자산	28,392	16,845	72,136	6,540	123,914	7,945	131,859	△954	130,904
사업부문 부채	37,527	13,297	70,086	5,065	125,976	8,310	134,286	△13,389	120,897
기타 항목									
감가상각비	2,664	1,461	3,599	1,260	8,985	85	9,071	145	9,217
지분법 적용회사에의 투자액	–	–	79	–	79	–	79	–	79
유형자산 또는 무형자산 증가액	1,367	1,906	8,105	1,455	12,834	5,299	18,134	397	18,531

① 보고 사업부문 / ② 매출 정보 / ③ 이익 또는 손실 정보 / ④ 자산 및 부채 정보 / ⑤ 기타 정보

● 이번 장 정리

- 자산과 부채를 다량으로 보유한 간병사업을 매각하면서 재무상태표 형태가 크게 변화
- 위기상황에 빠졌을 때 가장 먼저 확보해야 할 부분은 이익이 아닌 현금
- 현재는 배달사업이 이익 중심으로 바뀌고 있으므로 당시 판단은 옳았다고 볼 수 있음

그렇군요! 아무리 이익이 나도 돈이 바닥을 드러내면 회사는 도산하고 말테니, 가장 현금유출이 심한 간병사업을 매각하기로 한 거군요.

그렇습니다. 원래 간병사업에 투자할 재원은 외식사업에서 벌어들인 돈으로 메꿔왔지만, 외식사업이 고꾸라지면서 재원을 잃게 되었습니다. 손익계산서 추이만 보면 이해할 수 없는 판단도, 재무상태표나 현금흐름표 흐름을 함께 살펴보면 기업에서 무슨 일이 일어났는지 확인할 수 있습니다.

유가증권보고서에는 사업부문 정보가 기재되어 있는데, 여기에서 각 사업부문(사업)이 얼마나 매출을 만들어내는지, 얼마만큼 이익을 내고 있는지, 어떤 자산과 부채가 있는지 확인할 수 있습니다. 분석할 때는 정보원으로서 도움이 될 것입니다.

● 이번 장에서 다룬 정보 출처 ···

> 유가증권보고서
> • 제1 [기업의 개요]
> • 제2 [사업 현황]
> • 제5 [회계 현황]

[IT]
이상 수치 1: 기업 내부에서
어떤 일이 일어나고 있을까?

이상 수치를 통해 내부 사정을 파악하기

 지금부터 우선 시작하기에 앞서 퀴즈에 도전해봅시다. 이번에 다룰 기업은 요리 레시피 전문 미디어를 운영하는 쿡패드입니다.

Q 2020년 12월기 결산 수치는 어느 쪽일까?

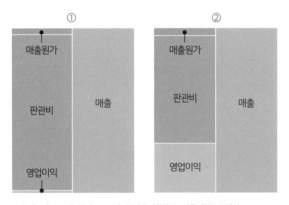

※ 쿡패드의 2016년 4분기, 2020년 4분기 유가증권보고서를 바탕으로 작성

이번 장에서 다룰 기업 ·······

● **쿡패드**
일본 최대의 요리 레시피 사이트인 쿡패드(Cookpad)를 운영한다.

앞의 도표는 쿡패드의 2016년과 2020년 결산 수치를 비교한 퀴즈입니다. 매출이 감소하기 전과 이후 손익계산서를 비교한 자료인데, 어느 쪽이 2020년 수치인지 생각해봅시다. 두 가지 큰 차이점은 두 표의 이익률이 완전히 다른 부분입니다. 그러므로 매출이 감소한 결과 이익률이 어떻게 변했는지 생각할 필요가 있습니다.

이번에 다룰 사례인 쿡패드는 요리 레시피 미디어를 운영하고 있습니다. 쿡패드의 매출 추이를 미리 살펴보면 알 수 있겠지만, 2016년을 기점으로 매출이 감소하는 경향을 보입니다.

①과 ②는 영업이익의 크기가 전혀 다르네요. 불과 4년 만에 이렇게까지 변화가 일어나기도 하네요.

쿡패드는 요리 레시피를 검색할 수 있는 정보 사이트죠? 아내가 사용하는 걸 보고 저도 활용하고 있어요.

쿡패드의 매출은 유료회원의 구독료 수입이군요.

● **쿡패드의 매출 추이** ·······································

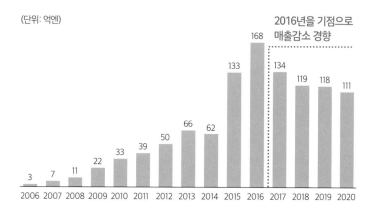

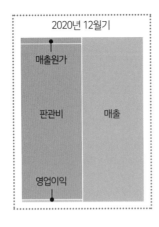

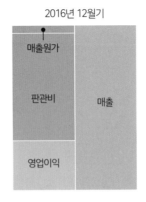

2020년 12월기　　　　2016년 12월기

매출원가　　판관비　　매출　　영업이익

 레시피 페이지에는 광고도 있으니 분명히 광고 수입도 있겠죠.

 매출감소에도 불구하고 미디어 운용에는 일정 액수가 발생하고, 매출이 감소하면 이익률은 악화하므로 ①번은 이상한 것 같은데요.

 맞아요! 정답은 ①번이에요.

　①번이 정답, 2020년 수치입니다. 2016년과 비교하면 이익 규모가 상당히 줄어들었다는 사실을 알 수 있습니다.

쿡패드 사업내용과 비즈니스 모델

우선 쿡패드가 어떤 비즈니스 모델을 운영하는 회사인지 매출내역을 통해 살펴봅시다. 쿡패드는 요리 레시피 서비스를 운영하는 회사로 주요 수익원은 크게 두 가지입니다. 첫 번째는 레시피 서비스 회원매출인데, 유료 회원으로부터 매월 수입을 얻는 구조입니다. 두 번째는 레시피 서비스 광고매출로, 미디어인 쿡패드에 광고를 싣고자 하는 기업으로부터 광고 수입을 얻습니다. 쿡패드의 비즈니스 모델은 이렇게 회원매출과 광고매출 두 가지 축으로 구성되어 있습니다.

● 쿡패드 비즈니스 모델

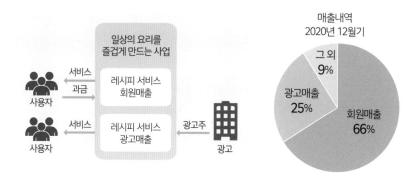

● 쿡패드의 현금흐름표 추이

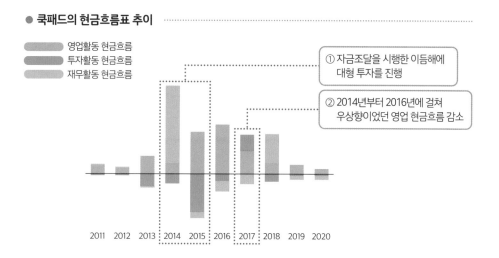

현금흐름표에서 보이는 이상한 점

쿡패드의 시계열 그래프를 살펴봅시다. 이번에는 현금흐름표의 추이에 주목해봅시다. 〈쿡패드 현금흐름표 추이〉 도표는 쿡패드의 현금흐름 추이를 나타낸 것입니다. 하늘색이 영업활동 현금흐름, 주황색은 투자활동 현금흐름, 초록색이 재무활동 현금흐름입니다. 현금흐름 수치의 변화를 살펴볼 때는 우선 큰 움직임이 있는 부분에 주목해봅시다. 첫 번째는 2014년과 2015년입니다.

우선 2014년에 자금을 크게 조달한 다음 2015년에 투자를 했다고 가정하겠습니다.

이상 수치 시점 전후에 일어난 사건 파악

다음으로 알아볼 포인트는 2017년입니다. 2014년에서 2016년에 걸쳐 우상향하던 영업활동 현금흐름은 감소하는 모습을 보입니다. 또 하나 신경 쓰이는 부분은 투자활동으로 현금이 들어온다는 점입니다. 보통 투자활동으로 현금이 들어오는 경우는 사업이나 자산을 매각할 때 나타나므로, 이 시점에서 무언가 자산을 팔았다고 추측할 수 있습니다.

● 현금흐름표에 대한 시점

- 현금흐름표 추이가 이상한 시점의 움직임을 확인
- 2014년에 자금조달, 2015년 거액의 투자 진행
- 그 후 영업활동으로 인한 현금흐름이 증가하였으나 투자활동 현금흐름이 2017년 플러스로 전환 (자사의 자산을 매각?)
- 자금조달로 투자를 늘렸다고 생각했지만 자사의 자산을 매각한 부분에서 이상한 점을 느낌

첫 번째로는 자금조달을 시행해서 투자를 실행한 시점의 현금흐름 동향인데, 우선 이 시기에 어떤 일이 일어났는지 확인해봅시다.

현금흐름표의 추이를 통해 2014년에 거액의 자금을 조달하고, 그 자금을 사용해서 2015년에 투자를 했다는 상황을 알 수 있습니다. 그럼 이 자금으로 어디에 투자했는지 공시를 통해 확인해봅시다. 당시 공시를 살펴보면 사업을 확대하기 위한 투자자금을 확보했다는 사실을 알 수 있습니다.

 기존 쿡패드 사업에 투자할 뿐만 아니라 레시피 이외의 사업에 진출하기 위한 개발, 회사 매수에 필요한 자금을 조달한 걸까요?

 그래요. 이것이 2014년에 자금조달을 한 이유입니다.

● **쿡패드의 투자활동**

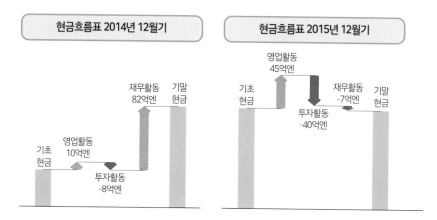

● **조달한 자금의 사용처**

적시공시(2014년 11월 12일):해외모집에 의한 신주 발행에 관한 공지

---

2. 조달자금의 사용처

(1) 이번 조달자금의 사용처

본 해외모집에 따른 수취 계산액 합계 상한 105억엔에 대해서는 사업확대를 위한 투자자금으로써 5년 정도 이내를 목표로, 주로 아래 두 분야에 충당할 예정입니다.

① 레시피 서비스의 글로벌 전개를 더욱 한층 가속하기 위해 유럽과 미국 지역을 중심으로 한 언어권의 확충 및 점유율 확대를 노린 매수, 출자, 사업 진행 등 해외 레시피 서비스 사업의 확대 자금

② 쿡패드를 기존 레시피 업로드, 검색 서비스에서 식사를 중심으로 하는 생활 인프라로 진화시키기 위해 식품과 관련된 영역뿐만 아니라 식품 이외의 영역에도 시야를 넓힌 서비스를 포함, 신규 사업 개발에 필요한 매수, 출자, 사업 진출, 국내사업 확충 자금

    공시를 보면 쿡패드 사업뿐만 아니라 그 외 영역으로도 넓혀 신규 사업 개발에 필요한 매수·출자·사업 진행 자금으로 사용할 예정이라는 내용이 있습니다. 2014년에 자금을 조달해 이러한 투자가 실행된 시기는 2015년입니다.

요리 이외의 사업을 직후에 매각

그러나 그 후 몇 년이 지나면 투자활동 현금흐름이 플러스로 전환되어 있습니다. 자금을 조달해 투자를 적극적으로 진행했음에도 불구하고, 이러한 움직임은 이상하다는 생각이 들어서 이상 수치라고 판단했습니다.

 잠깐만요, 이상수치라고 하기엔 판단하기 어려운 느낌이 드는데요.

우선 전제조건을 설명하면, 앞서 소개했듯 쿡패드는 자금조달 이후 사업을 확대하는 단계에 있는 회사였습니다. 이러한 회사가 스스로 자산을 매각한다는 뜻은 일반적이지 않습니다. 그러므로 2017년에 자산을 매각해서 돈이 들어오는 움직임은 이상 수치 중 하나로 판단할 수 있습니다.

이 시점에 쿡패드는 회사의 주식을 팔았다는 사실을 확인할 수 있습니다. 2015년 12월에 관계회사가 25개에 달했지만, 2017년 12월에는 11개사만 남았습니다. 이러한 내용을 통해 2년간 많은 회사를 털어냈다는 점을 확인할 수 있습니다.

● **관계회사 주식매각 실행** ······································

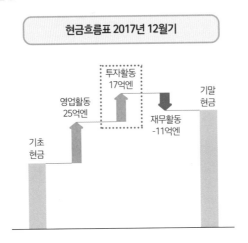

현금흐름표 2017년 12월기

투자활동
17억엔

영업활동
25억엔

재무활동
-11억엔

기말
현금

기초
현금

● 쿡패드 관계회사 상황

2015년 12월기 시점 ➡ 관계회사 25개사

4 관계회사의 상황

명칭	주소	자본금	주요 사업내용	의결권이 있는 (또는 피소유) 비율(%)
(연결자회사) COOKPAD SPAIN, S.L.	스페인 마리칸테	8,703천 유로	레시피 서비스 개발 및 운영	100.0
PT COOKPAD DIGITAL INDONESIA	인도네시아	300천 달러	레시피 서비스 개발 및 운영	100.0
ALLTHECOOKS,LLC	미국 캘리포니아주	5,000천 달러	레시피 서비스 개발 및 운영	100.0
NETSILA S.A.L.	레바논 공화국	70,000천 레바논파운드	레시피 서비스 개발 및 운영	100.0
셀렉추어 주식회사	도쿄도 시나가와구	10백만엔	의류 또는 주방용품 및 잡화 소매업	100.0
주식회사 모두의 웨딩	도쿄도 주오구	1,448백만엔	결혼식장 리뷰 사이트 운영사업	26.3 [23.6]
기타 15개사				
(지분법 적용 관계회사) 기타 4개 사				

2017년 12월기 시점 ➡ 관계회사 11개사(-14개사)

4 [관계회사의 상황]

명칭	주소	자본금	주요 사업내용	의결권이 있는 (또는 피소유) 비율(%)
(연결자회사) Cookpad Limited	영국 브리스톨	47,491천 파운드	해외 자회사 총괄과 레시피 서비스 개발 및 운영	100.0
Cookpad Inc.	미국 캘리포니아주	14,703천 달러	레시피 서비스 개발 및 운영	100.0
Cookpad Spain, S.L.	스페인 마리칸테	8,703천 유로	레시피 서비스 개발 및 운영	100.0
PT COOKPAD DIGITAL INDONESIA	인도네시아	300천 달러	레시피 서비스 개발 및 운영	100.0
Cookpad MENA S.A.L	레바논 공화국	70,000천 레바논파운드	레시피 서비스 개발 및 운영	100.0
그 외 6개사				

그렇다면 이 부분은 굉장히 이상합니다. 요리 레시피 사업에 의존하던 기존 사업 현황을 돌이켜보면, 레시피 사업 이외의 영역을 확대하면서 2015년에는 '모두의 웨딩' 등 생활에 관련된 회사를 매수했습니다(〈쿡패드 관계회사 상황〉 참조).

 음, 이 정도로 많은 회사를 매각한다니 이상하긴 하네요.

 확실히 좀 이상하죠. 여기서 중요한 부분은 수치를 보고 이상하다는 느낌을 파악하는 것입니다.

중요한 점은 이상하다고 느꼈다면 원인을 더욱 깊게 파헤쳐 봐야 한다는 점입니다. 그럼 당시 대체 어떤 일이 일어났는지 공시를 통해 확인해봅시다.

당시 공고를 주의 깊게 살펴보고 매각 이유 알아보기

우선 당시 어떤 일이 일어났는지 살펴보면, 2016년 1월 공시에는 창업자와 현 경영진 간의 갈등이 촉발되었다는 공시가 나왔습니다. 창업자는 기반사업인 회원사업이나 높은 성장이 기대되는 해외 레시피 서비스, 요리 레시피 사업의 리소스를 끌어오는 쪽이 좋을 것이라는 판단을 했습니다. 한편 현 경영진은 요리사업은 경쟁이 점점 심해지는 상황이므로 다른 사업에서도 돈을 벌 수 있도록 회사의 체질 개선이 필요하다는 판단을 내렸습니다. 즉 의견이 서로 나뉜 것입니다.

창업자의 의견대로 요리 이외 사업매각 판단

창업자와 경영진, 어느 쪽 의견이 관철되었는지 살펴보니 창업자의 의견이 우세를 보였습니다. 이에 따라 방침에 맞지 않는 그룹 회사를 매각한 사실이 2017년 12월 유가증권보고서에 기재되어 있습니다(《요리와 관련 없는 사업매각》 참조).

● **창업자와 현 경영진 간 갈등의 시작** ···

2016년 1월 19일
회사명 쿡패드 주식회사

드리는 말씀

주주제안권의 행사에 관한 서면 수령에 관한 공지

당사는 아래와 같이 <u>주주로부터 2016년 3월 하순 개최 예정인 당사 정기 주주총회에서의 주주제안권 행사에 관한 2016년 1월 8일부 서면을 받았기</u>에 알려 드립니다.

당 서면은 올해 1월 12일에 당사에 우편으로 도달한 것으로, 주주제안의 제안자 중 한 명이자 당사 이사진이기도 한 사노 히로미츠 씨(이하 '사노 씨'라고 합니다)로부터 당해 주주제안을 받고 이사 선임 의안이 회사 안으로 일원화되는 경우에는 주주제안을 취소할 예정이라는 취지를 전했기에, 당사는 오늘까지 일원화 내용에 대해 사노 씨와 협의를 진행하였습니다만 합의에 도달하지 못하여 오늘 공시합니다.

● 요리 이외의 사업 진출이 원인   ···

> **3. 제안의 이유**
>
> 아래 제안을 한 이유에 대해서는 본 주주제안과 관련해서 올해 1월 8일자 서면에 기재된 내용을 일체 변경 또는 수정을 하지 않고 그대로 실었습니다.
>
> '당사 주주인 사노 아키미쓰는 1997년에 당사를 창업한 이래 전세계 사람들을 위해 매일 요리를 즐겁게 만드는 서비스를 제공하고 싶다는 목표를 내걸고, 경영진으로서 기업가치 향상에 노력해 왔습니다.
>   그러나 당사는 <u>현재 주력 사업인 회원 사업이나 높은 성장성이 전망되는 해외사업에 경영자원을 할애하지 않고 음식과는 상관없는 사업에 주력하는 등 중장기적인 기업가치 제고에 불가결한 일관된 경영계획에 커다란 왜곡이 발생했습니다.</u>
>   그런데도 일부 경영진은 느닷없이 특별위원회라는 조직을 설치하고 필요성이 없는데도 큰 비용을 전문가의 의견을 얻어 그를 남용해 공정 중립을 가장한 권고서를 발행해 현재 그들의 경영을 정당화하는 등 당사 내에 불필요한 균열과 혼란을 빚고 있습니다. 그래서 이사진을 쇄신하여 당사 내부 혼란을 수습하고 회사가 하나로 뭉쳐 기업가치 향상으로 이어지는 경영을 실천하기 위해 본 주주제안을 제출합니다.'

● 요리와 관련 없는 사업매각   ···

2017년 12월 유가증권보고서: 사업의 상황(P10)

> **제2 [사업 현황]**
> **1 [업적 등 개요]**
> **(1) 실적**
>
>   우리 그룹은 창업 이래, 일본 전 지역에서 요리를 만드는 사람들이 당면한 '오늘 무엇을 만들까'하는 과제에 대해 고민해 왔습니다. 2016년에는 다시 한번 앞으로의 장기적인 기업 성장과 우리 그룹이 실현 가능한 사회적 책임에 대해 진지하게 고민했습니다. '매일의 요리를 즐겁게'라는 기업 이념을 바탕으로 지향해야 할 사업 영역에 대한 검토를 진행하였습니다. 당사 그룹이 운영하는 레시피 서비스 '쿡패드'의 압도적인 강점과 노하우, 사용자 기반을 활용하여 다시 한번 초심으로 돌아가 일본뿐만 아니라 전 세계 요리하는 사람들을 위한 '요리'에 관한 다양한 과제 해결을 위해서 사업을 전개하는 것이 우리 그룹의 장기적인 기업가치 향상에 도움이 될 것으로 판단했습니다. 이에 따라, <u>향후 방침에 부합하지 않는 그룹사 등은 매각을 실시하여 요리 관련 사업에 집중할 수 있는 환경을 정비했습니다.</u> 그리고 당분간 커다란 성장을 위해서 사업 기반 조성에 다시 집중하는 '투자 단계'로 설정하고 서비스 개발, 사용자 기반 확보, 브랜드 구축에 적극적으로 투자하기로 했습니다. 개인과 사회, 지구가 직면한 다양한 문제를 요리를 통해 발견하고, 고민하고, 해결하며, 앞으로의 시대에 걸맞은 풍요로움을 만들어가는 것을 '쿡패드'의 사명으로 삼고 있습니다.

요리 시장의 경쟁 격화에 따라 실적은 밑도는 추세로

미래를 대비해서 사업 다각화를 시도했으나 매수한 회사를 곧바로 매각하기로 한 결정은, 앞에서 다룬 배경 때문이라는 점을 알 수 있습니다.

요리사업에 집중해야 한다는 의견과 요리 이외의 사업에도 확장해야 한다는 의견이 대립한 결과 이같은 매각이 이루어졌군요.

그렇습니다. 이처럼 정량정보만으로 이상하다는 생각이 들 때는 정성정보를 통해 어떤 일이 일어났는지 알아보려는 사고방식이 중요합니다.

요리사업에 집중하자는 판단을 내린 결과, 쿡패드가 어떻게 되었는지 살펴보겠습니다. 결정 이후 일정 기간 내부투자에 적극적으로 집중했던 듯합니다. 환경이 급격하게 변하는 요리 미디어의 특성 때문에 매출은 서서히 감소하는 한편, 우수한 정규직 사원을 대거 채용하여 현재는 서비스 개발을 진행하고 있습니다. 그래서 최근에는 매출, 영업이익, 영업이익률 등이 감소 경향을 보이지만, 정사원은 매년 증가하고 있습니다. 당연히 인건비가 발생하므로 판관비도 상승한다는 점을 알 수 있습니다.

● **매출감소＋비용증가** ··

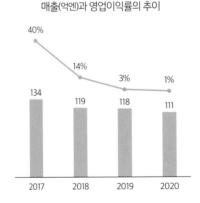

매출(억엔)과 영업이익률의 추이

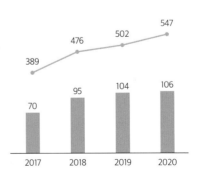

판관비(억엔)와 정사원 수(명)의 추이

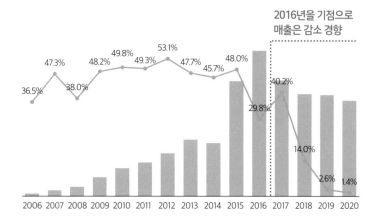

쿡패드의 최근 재무수치에서 매출과 영업이익률이 감소하는 이유에는 이러한 배경이 있습니다.

결론

> • 이상한 수치를 찾는다.
> • 해당 시기에 무슨 일이 있었는지 찾아본다.
> • 회사 내부에 어떤 일이 일어났는지 파악할 수 있다.

어떠셨나요? 이번 정보는 우선 유가증권보고서의 [사업의 내용]이라는 부분에서 특정 회사가 어떤 사업을 전개하는지 확인할 수 있었습니다. 또한 [관련 회사의 상황]에서는 회사가 어떠한 관계사, 자회사, 관련 회사를 가졌는지와 같은 정보를 공시하고 있으므로, 이러한 정보를 바탕으로 앞으로 시계열분석에 필요한 정보를 모았습니다.

정량정보를 보고 이상하다고 느꼈다면 어째서 이러한 수치가 나타났는지 특정 시점과 판단에 관한 내용을 확인해보면 원인을 알아볼 수 있습니다.

● **이번 장에서 다룬 정보 출처** ···

① 유가증권보고서
- 제1 [기업의 개요]
- 제2 [사업 현황]
- 제5 [회계 현황]

② 결산설명회 자료
③ 공시

[제약]
이상 수치 2: 매출이 급감한 원인을 파악해보자

잘 팔리던 상품이 어느 날 갑자기 사라졌다면?

이번에는 대형 제약회사인 에자이의 사례를 살펴봅시다. 주요 내용은 '연결 매출의 약 40%를 벌어들이는 상품이 어떤 이유로 인해 크게 매출이 감소한 경우, 회사는 어떠한 행동을 하는가'입니다. 이 점에 대해 결산 수치 동향을 확인해봅시다.

에자이 매출이 급감한 이유는 무엇일까?

다음 도표는 제약회사인 에자이의 매출 추이를 그래프로 나타낸 것입니다. 2011년을 기점으로 매출이 급격하게 감소했다는 사실을 알 수 있습니다. 대체 무슨 일이 일어났을까요?

● **에자이 매출 추이**

● 에자이

일본을 중심으로 미국, 영국, 중국, 한국 등에도 거점을 둔 제약회사로 시판 의약품 중에서는 '쇼콜라BB' 등이 유명하다(한국에는 '한국에자이'가 지사로 설립되어 있으며, 여드름 내복약으로 유명한 쇼콜라BB는 국내에서 시판하지 않는다-옮긴이).

신약 제조사의 경영과제, 특허 절벽

신약을 개발하는 제약회사의 경영과제로 특허 절벽(Patent cliff)이 있습니다. 신약은 시장에 출시된 이후 몇 년 동안은 특허로 보호를 받으므로 그동안에는 상품을 독점적으로 판매할 수 있는 기간이 존재합니다. 그러나 특허가 만료되면 독점판매가 어려워지기 때문에 제네릭 의약품(카피약, 혹은 복제약)이 시장에 참가해 급격하게 경쟁환경이 치열해지고, 그 결과 매출이 크게 하락합니다. 주요 매출원이던 상품이 더는 매출을 올리지 못하는 상황을 특허 절벽이라고 합니다.

● 신약 제조사 매출 추이

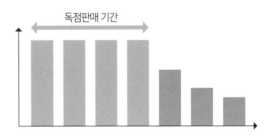

독점판매 기간

● 에자이의 아리셉트 매출급락

전기 연결회계연도(2009년 4월 1일부터 2010년 3월 31일까지)

1 제품 및 서비스별 정보 (단위:백만엔)

	아리셉트	파리에트, 아시펙스	암 관련 영역 제품	기타	합계
외부고객 매출	290,360	136,929	80,283	261,340	768,914

당기 연결회계연도 (2010년 4월 1일부터 2011년 3월 31일까지)

1 제품 및 서비스별 정보 (단위:백만엔)

	아리셉트	파리에트, 아시펙스	암 관련 영역 제품	기타	합계
외부고객 매출	147,058	126,384	93,134	281,399	647,976

에자이의 특허 절벽

앞서 말한 대로 '매출이 급감한 이유'의 답은 말 그대로 특허가 만료되었기 때문입니다. 당시 에자이의 주력 제품은 '아리셉트'라는 치매 증상 치료제였습니다. 그러나 특허가 만료된 결과 아리셉트의 매출은 불과 1년 만에 절반으로 떨어졌습니다.

앞서 말한 대로 '매출이 급감한 이유'의 답은 말 그대로 특허가 만료되었기 때문입니다. 당시 에자이의 주력 제품은 '아리셉트'라는 치매 증상 치료제였습니다. 그러나 특허가 만료된 결과 아리셉트의 매출은 불과 1년 만에 절반으로 떨어졌습니다. 이는 일본뿐만 아니라 해외, 특히 미국에서 2010년 3월기 1,947억엔에서 2012년 3월기 114억엔으로, 무려 94%나 감소한 것이 주요 원인입니다.

 하지만 언제 특허가 만료된다는 정보는 사전에 이미 알고 있지 않았나요? 에자이는 아무런 대책도 하지 않았나요?

그럼 에자이는 특허 절벽에 어떻게 대비했는지 다시 한번 수치를 확인해봅시다.

Q 특허 절벽에 대비한 에자이의 대책은?

 이번에는 퀴즈가 아니라 케이스 스터디를 해봅시다. 특허 만료 대책은 제약회사에는 떼려야 뗄 수 없는 존재입니다만, 여기서 에자이는 어떤 대책을 고안했는지 생각해봅시다.

 어떤 대책이 있을까요. 주력 상품이 없어졌다고 갑자기 다른 사업을 할 수도 없고요. 제약을 살려서 IT 비즈니스를 시도한다던가요.

그런 일이 불가능하지는 않겠지만 직관적으로 생각해보면 가장 빠른 방법은 새로운 상품을 만들어내는 길이겠죠. 하지만 이건 일반적인 제조업의 이야기고요. 개발을 시작한다고 해도 신약은 열매를 맺기까지 엄청난 시간이 걸린다고 들었어요.

 음, 가장 현실적인 방법은 기존 상품을 대체하는 신약 개발이 아닐까요? 제약회사가 갑자기 철도를 운행할 수도 없잖아요.

 이미 연구개발 체제는 정비가 되어 있겠죠.

 0부터 신약 개발을 하려고 해도 상당한 시간이 걸릴 테니, 특허 절벽에 맞춰 속도를 올려야겠네요.

 그럼 속도를 올리려는 방법은 어떤 것이 있을까요?

 경영면에서는 자사에서 개발하는 방법이 제일 좋겠지만, 만일 그게 어렵다면 다른 회사에서 개발이나 판매 권리를 얻는 방법도 있지 않을까요? 아니면 이미 신약이 될만한 씨를 가진 회사를 매수할 수도 있고요.

 그렇군요! 그럼 본업인 신약 개발에서 승부를 걸 수도 있고, 특허 절벽에 맞춰 발매할 수도 있겠네요.

 여러 가지 방법이 나오네요. 이처럼 숫자를 보기 전에 가설을 세우는 것도 무척 중요해요. 그럼 에자이가 실제로는 어떤 대책을 고안했는지 재무제표를 통해 살펴보죠.

현금흐름표 추이에서 이상 수치 발견하기

특허가 만료되는 시점은 사전에 이미 알고 있습니다. 그럼 에자이는 어떤 대책을 세웠을까요? 기업이 미래를 대비한 행동을 할 때는 그러한 동향이 현금흐름으로 나타

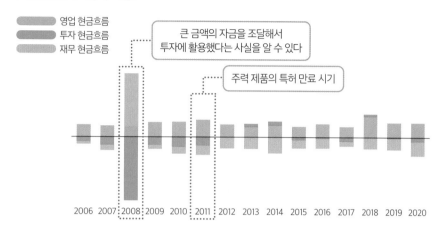

● 현금흐름의 이상 수치는?

영업 현금흐름
투자 현금흐름
재무 현금흐름

큰 금액의 자금을 조달해서
투자에 활용했다는 사실을 알 수 있다

주력 제품의 특허 만료 시기

2006 2007 2008 2009 2010 2011 2012 2013 2014 2015 2016 2017 2018 2019 2020

나는 일이 많습니다. 그럼 현금흐름 수치를 확인해봅시다.

에자이의 현금흐름표 추이를 살펴보면 2008년이 눈에 띕니다. 바로 이 시기가 이상 수치입니다. 2008년에만 재무활동으로 인한 현금흐름과 투자활동 현금흐름이 크게 나타나는데, 거액의 자금을 조달해서 그대로 투자에 사용한 시기가 바로 2008년입니다.

2008년은 주력 제품의 특허가 만료되는 2011년에 도달하기까지 3년이 남은 시점이었습니다. 그러나 이러한 투자를 판단한 시기는 2007년으로, 특허가 만료되기 4년 전입니다. 여기서 어떤 판단을 했는지 당시 결산자료를 살펴봅시다.

에자이의 투자활동

2008년에는 미국 MGI파마라는 온콜로지(항암제) 분야의 신약 제조사를 약 39억 달러에 매수했습니다. 당시 현금흐름표에는 이러한 움직임이 현금흐름으로 잘 나타나 있습니다. 재무활동으로 거액의 자금을 조달하고, 이렇게 모은 돈은 매수에 필요한 자금으로 충당하였습니다.

현금흐름표(2008년 3월기)

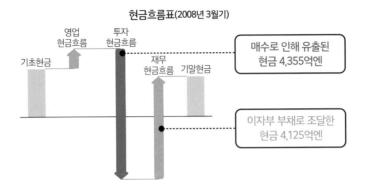

매수로 인해 유출된
현금 4,355억엔

이자부 부채로 조달한
현금 4,125억엔

 그렇군요! 주력 제품이 사라지기 전에 다음 먹거리를 찾으려고 사전에 준비했군요.

 그렇습니다. 에자이는 다음 주력 제품을 키우기 위해서 시장성장률이 높은 항암치료제 개발에 착수했습니다. 그렇지만 신약 개발에는 당연히 시간이 걸립니다. 그러므로 이미 항암 치료에 어느 정도 경험이 있는 기업을 매수해 개발 속도를 올리려고 했습니다.

에자이는 미래를 대비해 시장성장률이 높은 분야에서 주력 제품을 갖고 싶어 했습니다. 그래서 항암치료제(온콜로지 분야)에서 새로운 킬러 제품을 만들고자 했습니다. 그러나 신약 개발에는 상당한 시간이 걸리므로, 이미 항암제를 개발한 경험이 있는 기업을 M&A로 매수해서 개발 속도를 올리려고 했습니다. 신약 개발에는 오랜 기간이 필요한 만큼, 이미 제품을 갖고 있거나 후기 개발품을 보유한 회사를 매수하여 다음 간판 제품 개발까지 걸리는 시간을 벌고자 했습니다.

그럼 다음은 특허 절벽이 오기 이전에 출시될 제품이 제때 출시되었는지 살펴봅시다.

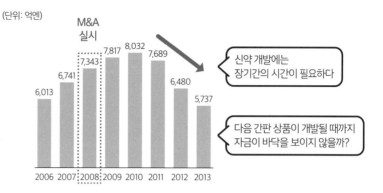

(단위: 억엔)

M&A
실시

6,013　6,741　7,343　7,817　8,032　7,689　6,480　5,737

2006　2007　2008　2009　2010　2011　2012　2013

신약 개발에는
장기간의 시간이 필요하다

다음 간판 상품이 개발될 때까지
자금이 바닥을 보이지 않을까?

다음 세대 제품이 나올 때까지의 자금융통

 기업을 매수했다고는 하지만 곧바로 신약이 완성되기는 어렵겠죠.

 다음 간판 제품 개발까지는 매출이 급격하게 떨어지거나 자금이 바닥을 보이
지는 않나요?

　당연히 주력 제품이 곧바로 완성되지는 못합니다. 신약 중에서도 특히 암 치료제
는 시간이 필요한 분야이기도 합니다. 그러므로 매출이 급격하게 떨어져서 자금 등
이 바닥을 드러내지는 않을지 의문이 떠오릅니다.

　매출이 감소해서 자금이 줄어드는 문제에 대해 에자이는 사전에 대책을 세웠습
니다. 당시 자금흐름은 어떤 모습인지 지금부터 살펴봅시다.

본업 유입이 줄어드는 가운데 손에 남는 현금은 증가

〈에자이 현금 추이〉 도표는 에자이의 영업활동으로 인한 현금흐름 추이와 잉여현금
흐름(FCF, free cash flow) 추이를 나타낸 것입니다.

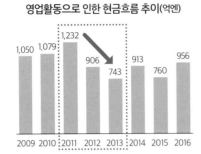

영업활동으로 인한 현금흐름 추이(억엔)

잉여현금흐름 추이(억엔)

영업활동으로 인한 현금흐름이란 본업으로 벌어들인 돈을 말합니다. 〈에자이 현금 추이〉 도표를 보면 2011년에서 2013년에 걸쳐 본업의 수입이 감소했습니다. 주력 제품의 특허가 만료된 결과 매출이 줄어드는 동시에 본업으로는 돈을 벌지 못하는 상태가 되었습니다. 한편 본업으로 수입이 줄어들었음에도 잉여현금흐름(본업으로 인한 현금흐름과 투자로 인한 현금흐름을 합친 것), 즉 최종적으로 기업에 들어오는 돈은 이 시기에 사실상 늘어났습니다.

● 잉여현금흐름

잉여현금흐름
: 기업이 스스로 벌어들인 돈으로, 자유롭게 사용할 수 있는 항목이다.
기업의 현금 능력을 파악하는 지표이기도 하다.

> 이 지표가 높을수록 기업이
> 현금을 벌어들이는 능력이 높다

지표 계산식

> 영업 현금흐름 + 투자 현금흐름 = 잉여현금흐름

여러 가지 계산방식이나 정의가 존재하지만, 범용성이나 계산 편의성 등을 고려하여 영업 현금흐름과 투자 현금흐름을 합친 것

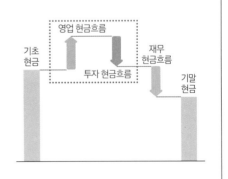

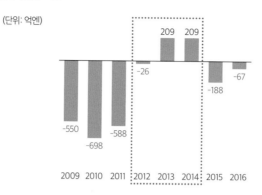

● 에자이 투자활동 현금흐름

(단위: 억엔)

209 209

-26

-188 -67

-550

-698 -588

2009 2010 2011 2012 2013 2014 2015 2016

본업 이외에서 자금을 확보

투자활동으로 인한 현금흐름을 보면 본업 이외의 투자활동으로 돈을 만들어낸다는 사실을 알 수 있습니다(《에자이 투자활동 현금흐름》 참조). 본업으로 돈이 들어오지 않게 된 부분을 보충하기 위해 다른 곳에서 돈을 만들어내야 합니다. 그러므로 자신들의 유휴자산(사용하지 않고 가진 자산, 필요 없는 토지 등의 비유동자산)을 매각하거나, 기존 보유 주식을 매각해서 현금을 조달하는 흐름을 보입니다.

본업에서 들어오는 돈이 줄어들었는데 어째서 최종적으로 기업의 손에 남는 현금은 늘어났는가 하면, 줄어든 만큼 보충하는 방법을 사용했기 때문입니다. 자산의 매각 등으로 본업에서 줄어든 감소분을 보충하는 데 성공했다는 뜻입니다.

그 외에 제약회사에서 자주 나타나는 패턴으로는 제품의 지급채무 기한이 연장되거나, 매출채권을 빠르게 회수하는 등입니다. 이렇게 자금순환에 신경을 쓴 결과 현금을 조달하고자 하는 흐름이 나타납니다. 마침 이 시기의 에자이의 영업활동에도 비슷한 모습이 나타났습니다.

항암제의 공헌으로 인해 매출 회복

그 후 에자이는 어떻게 되었을까요? 2011년에 특허 절벽이 찾아온 이후 2018년 즈음부터 매출이 회복했는데, 다시 떠오른 계기가 된 주력 제품은 모두 항암제 제품이었습니다.

● **2017~2018년 에자이 주요 제품 매출수익**

(단위: 억엔, %)

	2017년도		2018년도		
	실적	매출비율	실적	매출비율	전년 대비
렌비마	322	100.0	626	100.0	194 [195]
일본	30	9.3	100	15.9	333 [333]
미주	219	68.0	375	60.0	171 [171]
중국			31	5.0	
EMEA	58	18.1	80	12.8	137 [140]
아시아 및 라틴아메리카	15	4.6	40	6.4	268 [273]

할라벤	399	100.0	413	100.0	104 [105]
일본	93	23.2	94	22.8	102 [102]
미주	157	39.4	164	39.8	105 [105]
EMEA	121	30.4	127	30.7	105 [107]
아시아 및 라틴아메리카	28	7.0	27	6.6	99 [102]

● **2006~2020년 에자이 매출 추이**

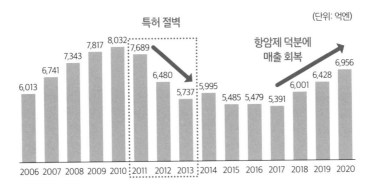

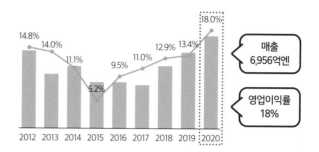

도표 〈2012~2020년 에자이 매출 및 영업이익률 추이〉를 봅시다. 매출이 상승 추세인 2019년, 드디어 항암제가 주력 제품이 되어 실적을 이끄는 데 성공했다는 사실을 확인할 수 있습니다. 주력 제품이 갑자기 없어지면 회사는 어떻게 되는가에 대한 질문이 이번 장에서 다룬 테마였습니다. 요약하면 다음과 같습니다.

① 특허 만료 제품에 대해 새로운 주력 제품 개발이라는 대책 고안

성장성이 높은 항암제를 개발하는 제약회사를 매수해서 특허 절벽에 맞추어 개발 진행한다.

② 시간이 걸리는 신약 개발 기간 동안 자금 부족 상황을 막기 위한 대책 고안

본업에서 줄어든 현금을 자산 등을 매각해서 투자활동으로 보충하고, 항암제를 개발할 때까지 시간을 번다.

③ 항암제 개발로 인해 매출이 다시 상승하면서 실적을 이끈다.

이러한 경영전략이 그대로 들어맞은 사례가 바로 에자이입니다.

그럼 마지막으로 에자이의 지금까지 흐름을 정리해보겠습니다.

에자이는 2011년경에 특허 절벽의 영향이 반영되어 매출이 감소했습니다. 그 후 2018년경부터는 신제품 판매에 성공해서 매출이 증가했습니다(〈2006~2020년 에자이

매출 추이: 실적 전환점 찾기〉 참조).

〈2006~2020년 에자이 투자활동 현금흐름 추이: 이상 수치 찾기〉 도표를 통해 다른 각도에서도 에자이의 상황을 살펴봅시다. 도표를 보면 2008년만 유독 눈에 띕니다. 이즈음에는 2011년에 찾아올 특허 절벽에 대비해 다음 제품 개발을 위한 준비를 하고 있었다는 점을 알 수 있습니다.

마지막으로 도표 〈에자이 잉여현금흐름 추이: 예상과 다른 움직임 찾기〉로 잉여 현금흐름 추이를 확인해봅시다. 도표를 보면 2011년에는 특허 절벽의 영향으로 매출이 크게 감소했습니다. 그러나 잉여현금흐름의 움직임은 증가 경향을 보입니다. 매출이 감소해 본업으로 자금을 만들어내기 어려워졌기 때문에, 이를 메꾸기 위해 보유자산을 매각해 자산을 만들어낸 부분이 반영되었기 때문입니다. 결과적으로

● **2006~2020년 에자이 매출 추이: 실적 전환점 찾기**

● **2006~2020년 에자이 투자활동 현금흐름 추이: 이상 수치 찾기**

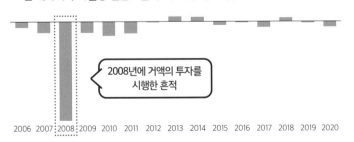

● 에자이 잉여현금흐름 추이: 예상과 다른 움직임 찾기

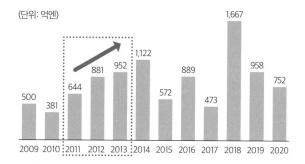

(단위: 억엔)

투자활동 현금흐름으로 자금을 창출하는 데 성공해, 잉여현금흐름이 증가했습니다.

지금까지 주력 제품이 사라진 에자이가 V자로 회복한 케이스 스터디였습니다. 특허 절벽처럼 장래에 반드시 찾아오는 사태에 대한 대책, 신제품 개발 기간의 자금순환 방법까지 포함해서 배울 점이 무척 많은 사례입니다. 이처럼 전환점이나 이상 수치를 확인하고 깊게 파보면, 기업 내부에서 어떤 일이 일어나고 있는지 알 수 있습니다.

● 이번 장에서 다룬 정보 출처

① 유가증권보고서
• 제1 [기업의 개요]
• 제2 [사업 현황]
• 제5 [회계 현황]

② 결산설명회 자료

Chapter 3

경쟁사
비교분석을 해보자

[소매업]
경쟁 기업 간의 수치 비교하기 1

경쟁사 비교분석을 해보자

지금까지 살펴본 시계열분석은 특정 기업의 서로 다른 시간 축이나 트렌드의 수치를 비교하고, 전환점이나 이상 수치에 주목하면서 비즈니스 특성을 이해하는 방식이었습니다. 한편 이제 3장에서 다룰 '경쟁사 비교분석'은 같은 시간선상에서 서로 다른 기업의 재무제표를 비교하고 전략의 차이점이나 경쟁 우위를 밝히는 방식입니다.

이번에 다룰 기업은 100엔샵을 운영하는 세리아(Seria)와 캔두(Can★Do)입니다. 똑같은 비즈니스를 운영하는 것처럼 보이지만, 두 회사의 재무제표를 비교하면 이익률에서 차이를 보입니다. 그럼 세리아와 캔두 중에서 어느 쪽의 이익률이 높을까요? 100엔샵 비즈니스 경쟁 우위성을 두 회사의 수치를 동시에 비교하면서 확인해봅시다.

 이익률이 높은 기업 ②는 세리아와 캔두 어느 쪽일까?

①

매출원가
62%

매출
100%

판관비
36%

영업이익
2%

②

매출원가
57%

매출
100%

판관비
33%

영업이익
10%

※ 세리아는 2021년 3월기, 캔두 2020년 11월기 결산 유가증권보고서를 기반으로 작성

이번 장에서 다룰 기업

● **세리아**
100엔샵 세리아를 운영한다.

● **캔두**
100엔샵 캔두(Can★Do)를 운영한다.

● **경쟁사와 비교하기**

경쟁사와 횡적 비교

비교

A사   B사

 100엔샵, 세리아와 캔두 두 회사를 비교하는 문제부터 해 봅시다. 우선 '경쟁사 비교분석'에 대해서 간단하게 설명하겠습니다.

● **경쟁사 비교분석이란**

- 두 개 이상의 서로 다른 기업 수치를 비교하는 방법
- 일상생활에서는 알기 어렵더라도 숫자를 비교하면서 차이가 분명해지기도 함
- 단순히 수치를 비교하는 것이 아니라 의미 있는 수치끼리 비교해야 함

 그럼 문제로 돌아가죠. 완전히 같은 소매업, 게다가 100엔샵이라는 똑같은 비즈니스를 운영하고 있는데도, 사실 두 회사의 이익률에는 큰 차이가 있어요. 이익률이 높은 2번은 어느 회사일까요?

 세리아와 캔두는 자주 이용하지만 이렇게 이익률이 다르다니 전혀 생각도 못했어요.

 두 회사 모두 업종이 같죠. 이익률에서 차이가 나는 이유는 뭘까요?

100엔으로 판매한다는 점은 같아도 상품마다 원가율이 크게 달라서가 아닐까요? 예를 들어 식품은 잡화와 비교하면 원가가 높다고 들었어요.

 저는 캔두에서 자주 과자나 차를 사는데, 전체적으로 식품 판매 비율이 높은 느낌이에요.

 아, 그렇네요. 반대로 세리아는 귀여운 컵처럼 전체적으로 잡화 비중이 높은 느낌이에요. 즉 원가율이 높은 식품을 많이 취급하는 캔두가 이익률이 낮지 않을까요?

 그럼 1번이 캔두, 2번이 세리아일까요?

 그래요, 정답은 2번 세리아예요.

같은 비즈니스를 하는데도 차이가 나는 이유

 두 회사 모두 같은 사업을 하는데도 이익률이 이렇게 큰 차이를 보인다고는 생각을 못했어요.

이용할 때는 알기 어려운 차이를 깨닫는 것도 재무제표를 들여다보는 재미입니다. 그럼 곧바로 세리아와 캔두의 재무제표를 비교하면서, 왜 세리아의 수익률이 높

비즈니스 모델	업태
매입 → 판매 →	판매가격 100엔
제조사에서 상품을 매입해서 점포에서 소비자에게 판매하는 대표적인 소매 비즈니스	판매상품 대부분은 100엔 단가로 고정

은지 확인해봅시다.

경쟁사 비교분석을 할 때 가장 먼저 해야 할 분석이 있습니다. 이는 비교할 기업의 공통점과 차이점을 정리하는 것입니다. 무엇이 같고 무엇이 다른지 정리하면 차례로 비교해야 하는 수치가 보이기 시작합니다. 그러므로 두 회사의 차이점을 정리하는 작업은 경쟁사 비교분석을 할 때 매우 중요합니다. 그럼 세리아와 캔두의 공통점부터 정리해봅시다.

두 회사 모두 외부기업에서 상품을 구매해서 고객에게 판매하는 소매 비즈니스를 운영하고 있습니다. 또한 판매하는 상품 대부분은 100엔이라는 단가로 고정된 100엔샵 형태의 사업입니다. 즉 비즈니스 모델 및 업태 모두 같은 기업끼리 비교하는 작업입니다.

그다음 두 회사의 차이를 정리해보면, 얼핏 보기에는 완전히 같은 비즈니스를 운영하는 것처럼 보여서 큰 차이를 발견하기 어렵습니다. 그러나 영업이익률을 비교하면 세리아가 10% 전후의 추이를 보이는 데 비해, 캔두는 불과 2% 전후를 나타낸다는 사실을 알 수 있습니다. 이 부분이 두 회사의 큰 차이점 중 하나입니다. 그럼 같은 사업을 하는데도 어째서 이렇게 이익률이 크게 다를까요?

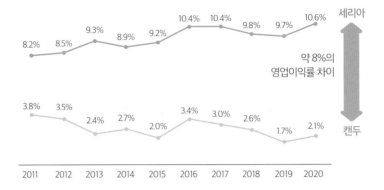

상품의 판매 구성 차이에 주목하자

우선 상품의 판매 구성 차이를 들 수 있는데, 매출내역이 다릅니다. 세리아와 캔두의 결산자료에서는 '잡화 비율'이라는 지표를 공개하고 있습니다. 이는 전체 매출에서 잡화 상품이 차지하는 비율을 나타내는 지표로, 100엔 균일 판매업 특유의 지표입니다.

다음에 나오는 〈세리아와 캔두의 잡화 비율 비교〉 도표를 봅시다. 세리아는 약 98%인데 비해 캔두는 약 83%이므로 두 회사 사이에는 15%p 가까운 차이가 있습니다.

● 세리아와 캔두의 잡화 비율 비교

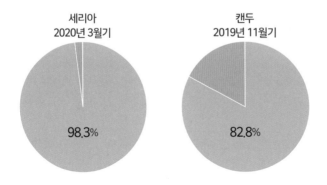

유가증권보고서(P12)
③ 매입 및 판매실적
a. 매입실적
　당 사업연도의 매입실적을 상품구분별로 살펴보면 다음과 같습니다.

상품 구분	매입액(백만엔)	전년 동기 대비(%)
잡화	112,803	111.5
제과·식품	2,603	103.5
기타	147	346.4
합계	115,554	111.4

b. 판매실적
　당 사업연도의 판매실적을 상품분류별, 사업부문별, 지역별로
　구분하여 살펴보면 다음과 같습니다.
　가. 상품구분별 매출액

상품 구분	매입액(백만엔)	전년 동기 대비(%)
잡화	197,024	110.7
제과·식품	3,487	103.8
기타	170	222.4
합계	200,682	110.6

※ 기초와 기말 재고 금액의 차이가
　극히 미미하다고 가정한 원가율
　계산

잡화 원가율의 계산

$$\frac{1,128억엔}{1,970억엔} = 57.3\%$$

제과·식품 원가율의 계산

$$\frac{26억엔}{35억엔} = 74.6\%$$

원가율은 잡화가
17%나 낮다

두 회사 상품별 원가율을 제시한 자료에서 개략적으로 계산하기

100엔 균일이라는 비즈니스는 단가가 고정되어 있다는 특징이 있습니다. 따라서 단가가 100엔으로 고정되어 있다면 원가가 낮은 상품이 당연히 이익률이 높습니다. 그럼 세리아와 캔두의 재무제표를 통해 각각 판매상품의 원가율을 확인해봅시다. 세리아와 캔두는 재무제표에 상품별 매입실적과 판매실적을 공시하고 있습니다. 이 수치를 사용해서 두 회사의 상품별 원가율을 계산해봅시다.

　세리아의 매출을 구성하는 상품은 잡화와 제과·식품 두 가지입니다. 각각 원가율을 계산하면 잡화의 원가율은 약 57%, 과자 식품의 원가율은 약 75%입니다(〈세리아: 상품별 원가율 계산〉 참조).

　한편 캔두의 매출을 구성하는 상품은 일상잡화와 가공식품, 두 가지입니다. 각각 원가율을 계산하면 일상잡화의 원가율은 약 59%, 가공식품의 원가율은 약 77%입니다(〈캔두: 상품별 원가율 계산〉 참조).

유가증권보고서(P13)

③ 생산, 매입 및 판매실적

b. 매입실적

당사 그룹은 단일 사업부문으로 구성되어 있으므로
당기 회계연도의 매입실적을 상품분류별로 나타내면 다음과 같습니다.

상품구분	당기 연결회계연도 (2019년 12월 1일부터 2020년 11월 30일까지)	전년 동기 대비 (%)
일용잡화(백만엔)	36,528	104.3
가공식품(백만엔)	8,729	94.6
기타(백만엔)	17	1,255.0
합계(백만엔)	45,275	102.3

※ 기초와 기말 재고 금액의 차이가
극히 미미하다고 가정한 원가율
계산

일용잡화 원가율의 계산

$$\frac{365억엔}{614억엔} = 59.4\%$$

가공식품 원가율의 계산

$$\frac{87억엔}{114억엔} = 76.7\%$$

원가율은 잡화가
17%나 낮다

c. 판매실적

당사 그룹은 단일 사업부문으로 구성되어 있으므로 당기 회계연도의 판매실
적을 상품별, 지역별, 단위당 판매 현황으로 나타내면 다음과 같습니다.

a. 상품구분별 매출액

상품구분	당기 연결회계연도 (2019년 12월 1일부터 2020년 11월 30일까지)	전년 동기 대비 (%)
일용잡화(백만엔)	61,454	104.0
가공식품(백만엔)	11,387	94.7
기타(백만엔)	192	93.9
합계(백만엔)	73,034	102.4

앞의 내용을 통해 100엔샵 비즈니스의 원가율을 대략 정리하면 잡화는 약 60%,
식품은 약 75%로, 기본적으로 잡화의 원가율이 낮다는 사실을 알 수 있습니다. 따
라서 원가율이 낮은 잡화의 판매비율이 높아지면 이익률이 높아지는 경향이 있습
니다. 캔두보다 세리아가 잡화 비율이 높아서, 세리아의 이익률이 높은 원인 중 하나
로 보입니다.

식품은 비교적 원가율이 높네요. 슈퍼에서도 매일같이 할인해서 판매하고요.
경쟁이 심해 보여요.

그러나 상품 구성이 다르다고 두 회사의 수익성이 결정된다는 결론에 이르기에는 시기상조처럼 보입니다. 만약 캔두가 잡화 비율을 세리아와 마찬가지로 98%까지 끌어올리면 영업이익률은 10% 가까이 오를까요?

 캔두도 잡화 비율을 올리면 수익률이 올라가지 않을까요?

 그러게요. 잡화 비율을 올리면 분명히 곧장 이익이 오를텐데, 이미 했을 것 같아요.

 그러면 두 회사의 이익률이 다른 것은 또 다른 이유가 있지 않을까요?

 좋은 시점이에요. 그럼 두 회사의 차이를 좀 더 깊이 살펴보죠.

[소매업]
경쟁 기업 간의 수치 비교하기 2

매출 규모의 차이에도 주목하자

상품 구성 이외에 세리아와 캔두, 두 회사에는 어떤 차이가 있는지 살펴봅시다. 매출을 비교하면 상당히 큰 차이가 존재한다는 사실을 알 수 있습니다. 세리아의 매출은 2,007억엔인데 비해 캔두는 730억엔이므로, 두 회사의 매출은 약 3배의 차이가 납니다.

결론부터 말하자면 이러한 매출의 차이가 세리아와 캔두의 이익률의 차이로 이어집니다. 왜 매출의 차이가 이익률에 영향을 미치는지 순서대로 설명하겠습니다.

● 세리아와 캔두의 매출 규모 비교

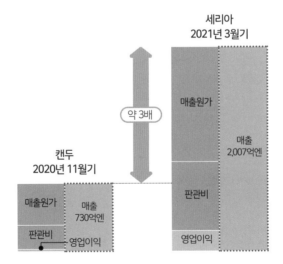

사이즈가 클수록 규모의 경제가 작동한다

비즈니스의 세계에서는 규모가 클수록 비용 절감으로 이어지는 경우가 자주 있습니다. 그중 하나가 규모의 경제입니다. 소매업은 상품을 많이 매입하는 능력이 있을수록 매입처에 대한 협상력이 강해집니다. 특히 100엔 균일은 단가가 100엔으로 고정되어 있어서 매입원가가 낮으면 낮을수록 수익성이 높아집니다.

 대량으로 사들이면 할인을 받거나, 대금기일을 연장하는 등 협상에서 우위에 서는 기업을 자주 봤어요.

 100엔이라는 판매가격이 정해져 있다면 매입원가를 낮추면 낮출수록 당연히 수익성은 높아지겠어요.

 그러고 보니 아까 비교한 세리아와 캔두 원가율을 비교해도 세리아가 낮은 경향이 보이네요. 그렇지만 원가율이 고작 1~2% 차이가 나는 것인데, 그렇게 영향이 있을까요?

네, 세리아의 매출 약 2,000억엔 전부 100엔 상품의 매출이라고 가정한다면, 약 20억 개의 상품을 판매한다는 뜻이겠죠. 예를 들어 상품 1개당 매입금액을 1엔만 낮춰도 20억엔의 이익으로 이어집니다. 원가율이 1%만 내려가도 큰 영향이 나타나죠.

매장당 매출로 판매력 비교

매출이 크면 유리하다는 사실은 매입에 한정된 이야기가 아닙니다. 오프라인 비즈니스에서는 매장당 매출이 크면 클수록 이익률도 높아지는 경향이 있습니다. 매장 운영에 들어가는 비용은 인건비나 임대료, 감가상각비 등의 고정비용이 대부분입니다. 고정비는 상품 판매금액과 관계없이 일정 금액이 발생하는 비용이기 때문에 보통 매출이 커질수록 고정비를 크게 웃도는데, 그 결과 이익률도 높아집니다.

임대료나 감가상각비는 1개 팔려도 100개 팔려도 같은 금액이 발생하니까요.

이 관계에 대해 알기 쉽게 설명하기 위해 손익분기점을 생각하는 방법을 소개하겠습니다. 손익분기점이란 이익도 손실도 발생하지 않는, 매출과 총비용의 액수가 딱 맞아떨어지는 지점을 뜻합니다. 즉 손익분기점을 웃돌면 이익이 발생하고 밑돌

● **손익분기점 고려하기**

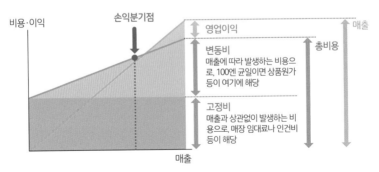

면 손실이 발생합니다.

총비용은 판매량에 따라 발생하는 변동비와 판매량과 관계없이 일정 액수 발생하는 고정비로 분류됩니다. 예를 들어 이번처럼 100엔샵의 경우 상품 원가가 변동비 임대료나 인건비, 감가상각비 등 매장 운영과 관련된 비용이 고정비입니다.

매장당 매출 비교하기

우선 두 회사의 매장당 매출을 계산해봅시다. 이번에는 가맹점을 제외하고 두 회사의 직영점 매장 한 곳당 매출을 계산했습니다. 계산에 필요한 데이터는 직영점 매출과 직영점 매장 수, 두 가지입니다. 이러한 정보를 토대로 직영점 매장 한 곳당 매출을 계산할 수 있습니다.

이번에는 세리아와 캔두의 재무제표에서 두 가지 데이터를 찾아보겠습니다. 유가증권보고서에 따르면 세리아의 직영점 매출은 1,975억엔이고 직영점 수는 1,742

● **세리아의 매장당 매출 산출하기** ⸻⸻⸻⸻⸻⸻⸻⸻

유가증권보고서 : 판매실적(P13) 지역별 매출(직영매출)에서

● **캔두의 매장당 매출 산출하기** ⸻⸻⸻⸻⸻⸻⸻⸻

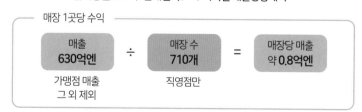

유가증권보고서: 판매실적(P14) 지역별 매출상황에서

개입니다. 따라서 매장 한 곳당 매출은 약 1.1억엔입니다. 한편 캔두도 세리아와 마찬가지로 유가증권보고서에 공시된 대로 직영점 매출은 630억엔이고 직영점 수는 710개입니다. 따라서 매장 한 곳당 매출은 약 0.8억엔입니다.

매장당 고정비 비교

다음으로는 두 회사의 매장 한 곳당 발생하는 비용을 계산합니다. 변동비에 대해서는 마찬가지로 가정하고 고정비를 중심으로 계산합니다. 두 회사의 손익계산서의 판매비 및 일반관리비(이하 판관비) 내역을 보면 매장에 관한 비용이 많은 부분을 차지한다는 사실을 알 수 있어서, 판관비를 고정비로 가정하고 매장 한 곳당 고정비

● **세리아의 매장당 고정비**(계산을 전제로 한 수치) ·············

유가증권보고서: 손익계산서(P37)
② [손익계산서]   (단위: 백만엔)

	전기 사업연도 (2019.4. 1부터 2020.3.31까지)	당기 사업연도 (2020.4. 1부터 2021.3.31까지)		전기 사업연도 (2019.4. 1부터 2020.3.31까지)	당기 사업연도 (2020.4. 1부터 2021.3.31까지)
매출액	181,476	200,682	대손충당금 이월액	1	—
매출원가			상여금충당금 이월액	695	792
상품 기초 재고자산	15,585	16,376	임원퇴직위로금충당부채충당금	33	31
당기 상품매입액	103,716	115,554	퇴직급여비용	84	63
합계	119,301	131,931	법정복리후생비	1,791	1,926
상품기말재고자산	16,376	18,238	토지임대료	20,167	21,729
상품매출원가	102,924	113,693	감가상각비	3,620	3,975
매출총이익	78,551	86,989	임대료	46	52
판매비 및 일반관리비			수도광열비	2,873	3,128
광고선전비	846	810	여비 및 교통비	93	62
판매수수료	148	85	소모품비	1,222	949
포장 및 운반비	2,074	2,424	지급수수료	1,178	1,198
임원보수	248	241	기타	2,874	3,044
급여 및 수당	22,315	24,510	판매비 및 일반관리비 합계	60,946	65,720
상여금	629	692	영업이익	17,604	21,269

매장당 고정비

고정비 65,720백만엔	÷	매장 수 1,742개	=	매장 고정비 37백만엔
• 급여 • 임대료 • 감가상각비(고정비 성질)		직영점만		

150

를 계산하겠습니다.

직영점 한 곳당 고정비 산출에 필요한 데이터는 고정비 금액과 직영점 매장 수, 두 가지입니다. 세리아의 고정비는 판관비에 계상된 65,720백만엔으로 가정하고, 직영매장 수는 앞서 서술한 것과 마찬가지로 1,742개입니다. 그 결과 매장 한 곳당 고정비는 37백만엔으로 나타났습니다.

계산 결과 세리아와 캔두의 매장 1곳당 고정비는 거의 같은 금액이었습니다. 한편 캔두의 고정비는 판관비로 계산된 26,443백만엔으로 가정하고, 직영매장 수는 앞서 서술한 것과 마찬가지로 710개입니다. 그 결과 매장 한 곳당 고정비는 세리아와 마찬가지로 37백만엔입니다.

● **캔두 매장당 고정비**(계산을 전제로 한 수치) ···

유가증권보고서: 손익계산서(P83)
② [손익계산서]   (단위: 백만엔)

	전기 연결회계연도 (2018.12.1부터 2019.11.30까지)	당기 연결회계연도 (2019.12.1부터 2020.11.30까지)		전기 연결회계연도 (2018.12.1부터 2019.11.30까지)	당기 연결회계연도 (2019.12.1부터 2020.11.30까지)
매출	71,297	73,034	임차비용	8,621	8,586
매출원가	43,747	45,032	장기선급비용	71	76
매출총이익	27,550	28,002	대손충당금 이월액	1,052	1,129
판매비와 일반 및 관리비			대손충당금 이월액	6	△2
운반비	707	627	여비 및 교통비	586	545
임원 보수	141	142	통신비	200	235
임직원 급여	2,146	2,126	공공요금	957	845
기타 급여	6,977	6,985	소모품	445	330
상여	425	517	출점비	189	85
상여충당금 이월액	—	3	지급수수료	509	506
퇴직급여	155	460	기타	2,144	2,233
법정 복리후생비	858	881	판매비와 일반관리비 합계	26,356	26,443
외주 인건비	159	129	영업이익	1,193	1,558

매장당 고정비
• 급여
• 임대료
• 감가상각비(고정비 성질)

| 고정비 26,443백만엔 | ÷ | 매장 수 710개 직영점만 | = | 매장 고정비 37백만엔 |

손익분기점에 맞춰 매장 효율 파악하기

두 회사의 수치를 정리해보겠습니다. 매장당 고정비에 대해서는 세리아와 캔두, 모두 차이가 없습니다. 한편 매장당 매출은 세리아가 크게 웃돈다는 사실을 알 수 있습니다.

● **100엔샵 수치 비교: 세리아와 캔두** ···

	세리아	캔두
① 매출(직영점만)	**1,975억엔** 사업보고서 기재	**630억엔** 사업보고서 기재 (전체 점포 730개, 가맹점 89개, 그 외 11(백만엔))
② 직영매장 수	**1,742개** 사업보고서 기재 전국 1,787개 중 - 프랜차이즈 45개	**710개** 사업보고서 기재 전국 1,065개 중 - 프랜차이즈 355개
③ 매장 한 곳당 매출(①÷②)	**1.1억엔**	**0.8억엔**
④ 고정비	**657억엔** 손익계산서에서 판관비 수치를 고정비로 가정	**264억엔** 손익계산서에서 판관비 수치를 고정비로 가정
⑤ 매장당 고정비(④÷②)	**0.4억엔**	**0.4억엔**

※ 세리아 2021년 3월기, 캔두 2020년 11월기 유가증권보고서를 바탕으로 작성

● **매출이 클수록 수익성이 올라가는 매장 비즈니스** ·····························

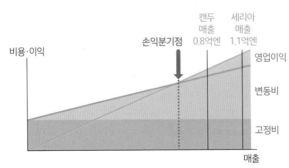

이 수치를 손익분기점에 맞춰 비교해봅시다. 두 회사의 매장당 고정비가 바뀌지 않는다면 보다 매장당 매출이 높은 쪽이 더 많은 이익을 만들어낸다는 사실을 알 수 있습니다. 이처럼 매출 규모가 큰 쪽이 이익률이 높아지는 경향이 있습니다.

 재미있네요. 재무제표에서 이런 사실까지 알 수 있다니요!

 이건 일상에서 이용할 때는 쉽게 알 수 없는 부분이네요.

100엔샵 비즈니스의 경쟁 우위성

지금까지 내용을 정리해봅시다. 100엔샵 비즈니스는 단가의 상한이 100엔으로 정해져 있는 업종입니다. 그래서 어떻게 비용을 낮추는가가 승패의 갈림길이기도 합니다. 세리아는 매출 규모를 확대해서 비용을 낮춘 결과 매우 높은 이익률을 달성하는 데 성공했습니다. 이처럼 같은 비즈니스를 하는 기업이라도 재무제표를 알아보면 두 회사의 차이가 확실하게 드러납니다.

● 단가가 정해져 있는 100엔샵

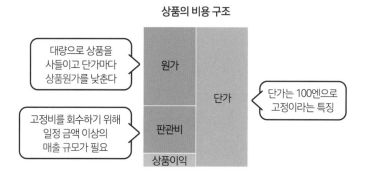

상품의 비용 구조

대량으로 상품을 사들이고 단가마다 상품원가를 낮춘다 → 원가

고정비를 회수하기 위해 일정 금액 이상의 매출 규모가 필요 → 판관비

상품이익

단가

단가는 100엔으로 고정이라는 특징

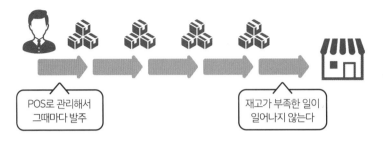

POS로 관리해서
그때마다 발주

재고가 부족한 일이
일어나지 않는다

세리아가 쌓은 진입장벽

매장 수가 늘어나면 매장 수만큼 재고가 증가해서 재고 관리가 어려워지는데, 세리아는 일찍부터 모든 점포에 POS 시스템을 도입해 데이터를 기반으로 매장을 늘리고 재고를 관리했습니다. POS 시스템을 전체 매장에 도입하려면 거액의 자금이 필요하다 보니, 오랜 기간 쌓아 올린 재고 관리 노하우는 세리아가 구축한 진입장벽이라고 할 수 있습니다.

세리아의 상장 당시 2005년 결산자료를 확인하면, 상장 당시 자금 용도로 POS 시스템 도입에 관한 기재가 있습니다. 당시에도 100엔샵 비즈니스를 하기 위해서는 재고 관리의 중요성을 인식하고 있었다는 점을 알 수 있습니다.

매장 수가 많다면 모든 매장마다 POS 시스템을 도입하기 위해 거액의 자금을 사용해야 합니다. 세리아는 아직 매장 수가 적었던 시기부터 POS 시스템을 도입했기

● 상장 자금으로 POS 시스템을 전체 점포에 도입 시행한 세리아

②자금 수요 및 재무정책

당사의 자금 수요는 주로 신규 출점에 따른 설비투자에 대한 것으로, 당 사업연도에는 27억 1천 1백만엔을 투자하였습니다. 당해 사업연도에는 POS 설비를 모든 매장에 도입함으로 인해 평년보다 많은 자금 수요가 발생했습니다. 향후 신규 매장당 POS 설비비용은 1~2백만엔 수준으로 평준화될 것으로 예상합니다.

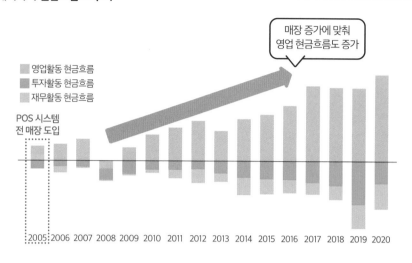

에 자금 지출이 한꺼번에 일어나지 않고 장기간에 걸쳐 집행되었습니다. 그 후 규모가 증가함에 따라 영업활동으로 인한 현금흐름이 우상향하면서 본업에서 자금을 획득하는 능력이 규모에 따라 증가했다는 사실을 알 수 있습니다.

또한 시스템을 도입했다고 해서 곧바로 수치로 연결되지는 않습니다. 세리아는 오랜 기간 쌓아온 데이터 관리 덕분에 경쟁사와의 차이를 벌려 나갔습니다. 거기다 2005년부터 전체 매장에 POS를 도입한 지 15년 이상 지난 만큼, 내부에서 철저하게 데이터 관리를 진행하고 있습니다.

따라서 그저 시스템을 도입한다고 따라잡기는 어렵습니다. 데이터 관리를 꾸준히 제대로 진행한 결과, 자신들에게 유용한 데이터로 가공해서 세리아만의 판매력을 만들어낸다는 사실을 확인할 수 있습니다.

 POS 시스템을 도입한다고 해서 곧바로 결과로 나타나지는 않는 거군요.

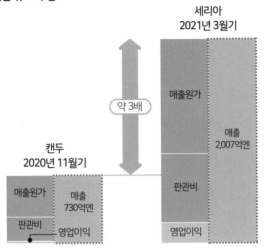

100엔샵을 운영하는 두 회사를 비교했습니다. 소매업에서 규모는 굉장히 중요한 요소입니다. 이상에서 살펴본 분석을 하지 않으면 두 회사가 각기 뛰어나거나 부족한 부분을 설득력을 갖춰 이해하기는 어려우므로, 숫자에 기반해 비즈니스를 이해하는 일의 중요성을 다시금 확인할 수 있는 사례였습니다.

● 이번 장에서 다룬 정보 출처

---

① 유가증권보고서
• 제1 [기업의 개요]
• 제2 [사업 현황]
• 제5 [회계 현황]

② 결산설명회 자료

3

[IT]
비즈니스 모델 분석: 게임위드와 지모티

비즈니스 모델이 다른 경쟁 기업의 사례

앞서 세리아와 캔두는 업종과 비즈니스 모델이 같은 회사끼리 비교하는 사례였습니다. 이번에는 정보 미디어를 운영하는 회사 두 곳을 토대로, 같은 업종이지만 비즈니스 모델이 다른 경우를 비교해봅시다.

 게임위드는 어느 쪽일까?

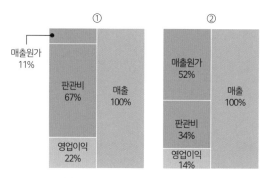

※ 게임위드는 2020년 5월기, 지모티는 2020년 12월기 유가증권보고서를 바탕으로 작성

이번 장에서 다룰 기업

● **게임위드(Gamewith)**
게임공략 정보 미디어를 중심으로 e-스포츠팀 등을 운영한다.

● **지모티(ジモティー)**
지역밀착형 게시판 미디어. 사용자 간 불필요한 제품이나 구인정보를 소개한다.

● 비즈니스 모델의 강점을 나타내는 영업이익

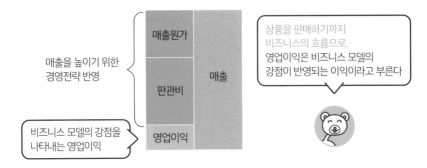

매출을 높이기 위한
경영전략 반영

매출원가

판관비

매출

비즈니스 모델의 강점을
나타내는 영업이익

영업이익

상품을 판매하기까지
비즈니스의 흐름으로,
영업이익은 비즈니스 모델의
강점이 반영되는 이익이라고 부른다

이번에는 재무제표를 통해 정보 미디어의 비즈니스 모델을 비교합니다. 우선 손익계산서의 비용 항목을 살펴보면서 회사가 어떻게 매출을 내고 있는지, 기업의 경영전략을 살펴보겠습니다.

비교할 기업은 게임 관련 정보 미디어를 제공하는 게임위드(gamewith)와 지역 정보를 다루는 지모티(한국의 '벼룩시장' 같은 온라인 서비스-옮긴이)입니다. 두 회사 모두 정보 미디어를 운영하면서 광고 수입을 기반으로 한다는 점에서 비즈니스 모델은 같습니다. 매체에 사람을 모아 그에 따른 광고 수입을 얻는다는 공통점이 있지만 목표까지 접근하는 방식, 즉 모객 방법은 분명하게 다릅니다.

 그럼 이걸 토대로 어느 쪽이 게임위드의 손익계산서인지 알 수 있을까요? 2020년도 결산 수치를 비교하고 있는데, 코로나 전의 실적이겠네요.

 똑같은 광고 미디어 기업인데도 비용 구조가 완전히 다르네요. 사람을 모아서 광고 수입을 얻는 부분은 같지만 원가나 판관비는 어째서 다를까요?

 미디어 사업을 하려면 미디어를 보는 사람을 모아야 해요. 그러면 사람을 모으는 방법에는 어떤 것들이 있을까요.

무난한 건 광고일까요? 어떤 미디어든 광고로 사람을 모으기도 하고, 지모티가 내보내는 TV 광고를 본 적도 있어요.

 그래요. 사람을 모으는 방법에는 크게 두 가지가 있는데 첫 번째는 방금 말한 것처럼 광고가 있고요. 또 한 가지는 콘텐츠를 생성하는 사람을 모으는 방법이에요.

 아, 그러고 보니 게임위드는 게임공략 기사를 많이 올리고 있어요. 확실히 그런 사용자들은 기사만 있으면 검색을 통해 자연스럽게 유입되거든요.

 그래요. 같은 미디어라도 사람을 모으는 방법은 다르죠.

 그렇군요. 지금까지 생각해본 적이 없는데, 미디어에서 무료로 이벤트를 열거나 웹 기사를 제공하는 목적은 사람들을 모으기 위해서군요.

 각 회사는 콘텐츠도 비용으로 잡나요? 광고비는 판관비일 것 같은데요.

 지모티는 사용자 본인이 팔고 싶은 아이템 등을 게시판에 직접 쓰는 형식이에요. 콘텐츠를 생성한다기보다는 먼저 사용자를 모으기 위해 광고를 하다 보니 판관비가 많이 들어가는 느낌이 드네요.

 게임위드는 전문 작가가 공략 기사를 써요. 회사 내부에 전속 작가를 고용한다고 들었어요.

 그럼 매출원가는 콘텐츠 생성비가 들어가는 게임위드가 더 크겠네요. 지모티가 판관비가 큰 1번이라고 가정하면, 2번은 게임위드가 아닐까요.

 맞아요! 정답은 2번 게임위드예요.

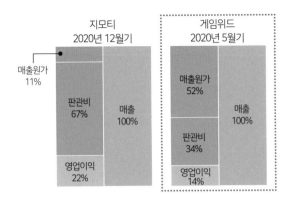

두 회사의 사업내용과 공통점을 정리하기

지모티는 지역 게시판 미디어를 운영합니다. 같은 지역 사람들끼리 정보 교환이나 물건을 거래할 수 있는 게시판을 제공하고, 모인 사람들의 수에 따라 기업으로부터 광고 수입을 얻습니다.

● **지모티 사업내용**

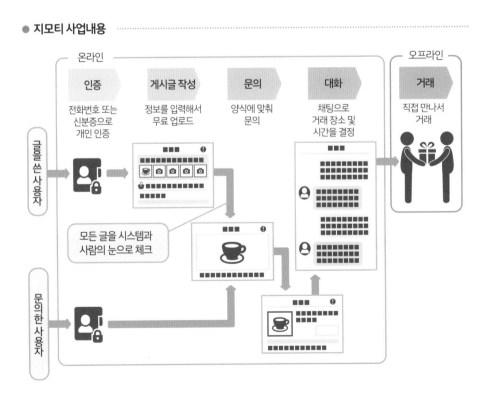

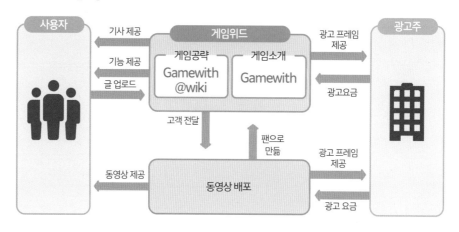

    게임위드는 주로 게임공략 기사를 올리는 미디어를 운영하고 있습니다. 사용자는 게임을 할 때 공략 기사를 찾아보기도 하고, 새로운 게임에 관한 정보를 얻기도 합니다. 게임위드도 지모티와 마찬가지로 미디어에 사용자를 모아서 기업으로부터 광고 수입을 얻습니다. 따라서 두 회사 모두 사용자를 미디어에 얼마나 모을 수 있는지가 비즈니스의 목표입니다.

    이러한 부분만 살펴보면 지모티와 게임위드 모두 같은 비즈니스를 하는 것처럼 보이고, 발생하는 비용 계정도 큰 차이가 없는 것처럼 보입니다. 그러나 앞의 손익계산서 형태가 같지 않다는 점을 통해, 회사마다 사람을 모으는 전략이 다르다는 사실을 알 수 있습니다.

두 회사의 콘텐츠 생성자는 누구인가

두 회사의 가장 큰 차이점은 '누가 콘텐츠를 생성하는가?'입니다. 게임위드는 회사에 소속된 작가가 게임공략 기사를 씁니다. 게임별 상위 랭커들을 채용해서 조직적으로 기사를 작성하면서 이벤트에 발빠르게 대응하고, 정확한 기사를 빈번하게 업데이트하는 구조를 구축했습니다. 이것이 게임위드의 운영 구조입니다.

● 게임위드의 콘텐츠 생성 구조

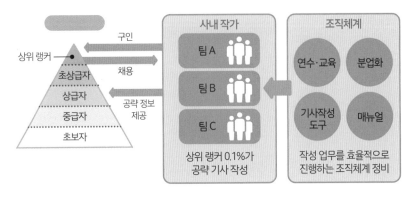

● 게임위드: 작가 인건비를 매출원가에 반영

유가증권보고서:매출원가명세서(P78)

【매출원가명세서】

2020년 5월기

구분	참고번호	전기 사업연도 (2018년 6월 1일 ~ 2019년 5월 31일)		당기 사업연도 (2019년 6월 1일 ~ 2020년 5월 31일)	
		금액(천엔)	구성비(%)	금액(천엔)	구성비(%)
Ⅰ 인건비	※1	879,871	65.4	966,112	65.4
Ⅱ 경비	※2	464,895	34.6	510,156	34.6
비용 소계		1,344,767	100.0	1,476,269	100.0
기초상품 재고자산		—		—	
당기상품매입금		2,997		1,787	
합계		2,997		1,787	
기말상품 재고자산		0		—	
기타 감정 환산평가액	※3	11		—	
상품매출원가		2,986		1,787	
당기매출원가		1,347,753		1,478,056	

그럼 기사를 쓰는 작가의 비용은 어디에 반영될까요? 바로 매출원가 중 인건비라는 부분에 반영됩니다. 이러한 작가 비용은 미디어 콘텐츠를 만드는 원천이므로 직접 매출과 연결되고, 매출원가 중 인건비로 반영됩니다.

반면 지모티는 게시판을 이용하는 사용자가 콘텐츠를 만듭니다. 즉 회사 내부가 아닌 외부 사람입니다. 유가증권보고서의 사업내용을 보면 알 수 있듯, 지모티는 사용자가 게시물을 올리면 사이트 콘텐츠가 생성되는 미디어라는 사업의 특징이 기재되어 있습니다. 즉 사용자가 콘텐츠를 생성하기 때문에 지모티의 콘텐츠 생성에는 인건비가 거의 들어가지 않습니다. 지모티의 원가는 서버나 사이트를 유지하는 데 필요한 운영비가 주요이며, 전문 작가의 기사 등은 특별히 필요로 하지 않기 때문에 매출원가가 매우 적습니다.

● **지모티: 사용자가 콘텐츠를 생성 1** ···

유가증권보고서 : 사업내용 (P5)

> **3【사업내용】**
> 당사는 '지역의 현재를 가시화하여 사람과 사람의 미래를 연결한다'는 경영이념 아래, 지역에 존재하는 정보를 구석구석까지 전달하고 생활 속에서 발생하는 문제를 지역 주민들끼리 서로 보완할 수 있는 구조를 제공하기 위해 지역 정보 플랫폼 '지모티'를 운영하고 있습니다.
>   '지모티'는 분류 사이트(Classified Site)라는 형태를 취하고 있습니다. 분류 사이트는 지역이나 목적에 따라 분류된 모집 광고를 목록 형식으로 게재하는 광고 매체 중 하나로, 일반적으로 게재 비용은 무료이며, 개인과 법인을 불문하고 누구나 쉽게 광고를 게재할 수 있는 것이 특징입니다.
>
>   ···
>
>   '지모티'는 사용자의 게시물에 의해 사이트 콘텐츠가 생성되는 미디어로, 게시물 증가에 따라 SEO(검색엔진 최적화)가 강화되기 때문에 게시물 수(주1)와 SEO로 유입되는 사용자 수가 상관관계에 있는 모델입니다.

● **지모티: 사용자가 콘텐츠를 생성 2** ···

유가증권보고서:매출원가명세서(P45)

【매출원가명세서】

구분	참고번호	전기 사업연도 (2019년 1월 1일 ~ 2019년 12월 31일)		당기 사업연도 (2020년 1월 1일 ~ 2020년 12월 31일)	
		금액(천엔)	구성비(%)	금액(천엔)	구성비(%)
Ⅰ 인건비		9,083	6.8	9,556	6.6
Ⅱ 사이트 운영비	(주)	124,501	93.1	135,109	93.4
Ⅲ 기타 경비		78	0.1	32	0.0
당기매출원가'		133,662	100.0	144,698	100.0

(참고) 사이트 운영비는 주로 서버 이용비 또는 사이트 유지관리비입니다.

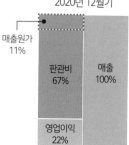

2020년 12월기

매출원가 11%
판관비 67%
매출 100%
영업이익 22%

콘텐츠 생성 방식의 차이가 어떻게 재무제표에 영향을 미칠까?

게임위드는 콘텐츠를 자사 직원이 제작하는 데 비해 지모티는 회사 외부의 사이트 방문자가 게시판에 글을 올려서 콘텐츠를 생성한다는 점을 알게 되었습니다. 게임위드는 게임공략 기사를 쓰는 직원의 인건비가 매출원가에 포함되어 있습니다. 한편 지모티는 미디어를 방문한 사용자가 쓴 글이 콘텐츠이므로 먼저 방문자를 모아야 합니다. 그래서 사람들을 모으기 위한 광고선전비가 커지는데, 이는 지모티의 손익계산서에 상당한 금액으로 잡힙니다.

● **지모티 손익계산서**

2020년 12월 유가증권보고서(P51)
(손익계산서 관련)

※ 1 판매비에 속한 비용의 대략적인 비율은 전기 사업연도 50%, 당기 사업연도 35%, 일반관리비에 속하는 비용의 대략적인 비율은 전기 사업연도 50%, 당기 사업연도 65%입니다. 판매비 및 일반관리비 중 주요 항목 및 금액은 다음과 같습니다.

	전기 사업연도 (2019년 1월 1일 ~ 2019년 12월 31일)	당기 사업연도 (2020년 1월 1일 ~ 2020년 12월 31일)
광고선전비	524,516천엔	324,090천엔
급여 및 수당	225,575	246,788
감가상각비	2,886	3,401

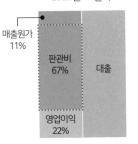

2020년 12월기

매출원가 11%

판관비 67%

대출

영업이익 22%

● **지모티 주요 KPI**

(2019년 12월기) (단위:천건)

	제1사분기 회계기간 (2019년 1월 1일 ~ 2019년 3월 31일)	제2사분기 회계기간 (2019년 4월 1일 ~ 2019년 6월 30일)	제3사분기 회계기간 (2019년 7월 1일 ~ 2019년 9월 30일)	제4사분기 회계기간 (2019년 10월 1일 ~ 2019년 12월 31일)
월간평균 PV수	542,606	594,985	561,292	559,239
월간평균 게시물 수	599	643	612	651

(2020년 12월 기) (단위:천건)

	제1사분기 회계기간 (2020년 1월 1일 ~ 2020년 3월 31일)	제2사분기 회계기간 (2020년 4월 1일 ~ 2020년 6월 30일)	제3사분기 회계기간 (2020년 7월 1일 ~ 2020년 9월 30일)	제4사분기 회계기간 (2020년 10월 1일 ~ 2020년 12월 31일)
월간평균 PV수	672,231	816,834	736,525	709,286
월간평균 게시물 수	734	917	768	786

이처럼 재무제표를 살펴보면 똑같이 광고 수입을 주요 목적으로 미디어를 운영하는 회사라도, 각자 고객을 모으는 방법이나 콘텐츠를 생성하는 방식은 전혀 다르다는 사실을 알 수 있습니다.

외부 사용자를 모으기 위해 광고선전비가 발생

지모티의 손익계산서를 다시 보면 광고선전비 계정에 상당한 금액이 잡혀 있다는 사실을 알 수 있습니다.

지모티는 주요 KPI(Key Performance Indicator, 핵심 성과 지표)를 설정해서 공시하는데, 게시물 수라는 지표가 있습니다(⟨지모티 주요 KPI⟩ 참조). 외부 사용자가 글을 올리면 올릴수록 조회수도 같이 올라가기 때문입니다. 지모티가 이러한 게시물 지표를 상당히 의식하면서 경영한다는 사실을 알 수 있습니다.

 게시물 수가 오르면 매출도 오르나요?

 광고 미디어의 일반적인 매출 변수로 '조회수×광고 단가'가 있습니다. 당연하지만 조회수는 게시물 수가 늘어날수록 올라갑니다. 즉 게시물이 늘어나면 결과적으로 매출증가로 이어지므로 게시물 수는 중요한 선행지표입니다.

 그건 게임위드도 마찬가지인가요?

 게임위드는 좀 다릅니다. 저장형 콘텐츠로 오랜 기간에 걸쳐 수익을 낼 수 있는 롱테일 모델에 가까워요. 공략 기사가 늘어날수록 고객 유입이 늘어나죠. 사이트를 돌아다니는 고객이 늘어나면 그만큼 매출이 늘어난다고 상상하면 됩니다.

- 월간 평균 게시물 수와 조회수가 주요 KPI인 지모티
- 게시물 수를 늘리기 위해 광고선전비가 필요

 게임위드도 지모티와 마찬가지로 광고선전비를 사용해서 고객을 끌어모은다고 생각했는데, 광고선전비는 거의 사용하지 않네요. 어째서인가요?

게임위드의 판관비 내역을 살펴보면 지모티와는 달리 광고선전비라는 계정이 보이지 않습니다. 이는 게임 기사와 광고의 상관관계가 생각보다 좋지 않기 때문에 광고선전비를 사용한 모객을 줄이고 있다고 볼 수 있습니다.

 질문이 있습니다. 게임하다가 언제 게임공략을 찾아보겠다는 생각이 드나요?

 네? 그야 당연히 게임을 할 때죠.

● 광고선전비가 적은 게임위드 ···

게임위드 2020년 1분기 유가증권보고서(P82)

(손익계산서 관련)

※2 판매비에 속하는 비용의 대략적인 비율은 전기 사업연도 0.1%, 당기 사업연도 3.1% 입니다. 일반관리비에 속하는 비용의 대략적인 비율은 전기 99.9%, 당기 96.5%입니다. 판매비와 일반관리비 중 주요 항목 및 금액은 다음과 같습니다.

	전기 사업연도 (2018년 6월 1일 2019년 5월 31일)	당기 사업연도 (2019년 6월 1일 2020년 5월 31일)
임원보수	75,000천엔	85,733천엔
급여수당	199,566	217,258
상여금충당금적립액	25,645	34,326
외주용역비	82,446	48,982
서비스 이용료	65,912	80,657
지급보수	56,328	53,108
감가상각비	29,252	30,413
대손충당금적립액	336	112

2020년 5월기

그렇죠. 즉 게임을 하지 않을 때는 광고에 게임공략 기사가 나와도 찾아보는 사용자들은 별로 없을 거예요. 그러므로 게임위드는 광고홍보보다 검색순위 를 높이는 SEO(search engine optimization, 검색 엔진 최적화로 검색할 때 상위에 검색 결과가 노출되는 마케팅-옮긴이)에 힘을 쏟는 마케팅을 하고 있어요.

 그렇군요! 콘텐츠와 광고의 상관관계도 중요하겠네요.

● **콘텐츠와 광고선전비의 관계**

- 광고 수입이 중심인 정보 미디어라도 비용 구조는 전혀 다름
- 비용 구조가 다른 이유 중 하나로는 콘텐츠 생성자가 다르기 때문
- 회사마다 광고선전비가 효과적인 곳과 그렇지 않은 곳이 있음
- 재무제표를 통해 어떤 계정에 돈을 써야 하는 비즈니스인지 알 수 있음

광고매출을 중심으로 하는 미디어 비즈니스를 비교했습니다. 같은 비즈니스 모델처럼 보여도 모객 방법이나 콘텐츠 생성의 방법, 광고홍보와의 관계는 전혀 다릅니다. 이러한 차이는 재무제표에 반영되므로, 유사한 비즈니스를 하는 회사끼리 꼭 비교해보고 기업의 전략 차이를 찾아보세요.

● **게임위드와 지모티의 공통점과 차이점**

	게임위드	지모티
제공 서비스	정보 미디어	
주요 수익원	광고 수입	
콘텐츠 생성	회사 내부	사용자
광고선전비	적다	많다

● **이번 장에서 다룬 정보 출처**

① 유가증권보고서
- 제1 [기업의 개요]
- 제2 [사업 현황]
- 제5 [회계 현황]

② 결산설명회 자료

Chapter 4

실전 사례별로
재무제표를 분석해보자

1

[IT]
성장기의 전략적인 적자 파악하기

적자 스타트업은 도산하지 않을까?

최근에 의욕적으로 신규 사업에 진출하는 스타트업이 많습니다. 재무제표를 공시하는 스타트업들을 둘러보면, 확실하게 이익이 나는 곳도 있지만 적자인 회사도 있습니다. 적자기업에는 반드시 그럴만한 이유가 있는데(특히 성장하는 스타트업이나 벤처기업에서 자주 보이는 패턴), 항상 성공으로 이어지는 것은 아닙니다. 이번에는 대형 스타트업으로 잘 알려진 중고거래 플랫폼 메루카리를 예시로 적자 벤처기업이 도산할 위험은 없을지, 이를 어떻게 분석하면 좋을지 살펴봅시다.

 다음 그래프를 보고 어떤 생각이 드는가?

● 메루카리 재무수치 추이

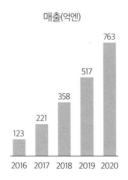

매출(억엔)

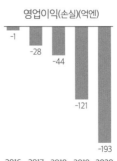

영업이익(손실)(억엔)

이번 장에서 다룰 기업

● **메루카리**(メルカリ)

중고거래 앱인 '메루카리'를 운영하면서 '메루페이' 등 금융 서비스 사업을 하는 기업이다.

한참 성장 중인 스타트업에 취직하고 싶은데, 그 얘기를 부모님이나 친구들에게 했더니 적자를 내고 있으니 가지 말라는 얘기를 엄청 많이 들어서 좀 당황했어요. 아무리 얘기해도 설득이 되지 않는데, 뭔가 좋은 방법이 없을까요? 방랑자님도 스타트업에는 취직하지 않는 편이 좋다고 생각하세요?

적자가 나니까 가면 안 된다고 쉽게 결정하기보다는, 적자의 원인도 살펴보는 게 좋아요

그렇죠. 적자니까 가면 안된다고 하면 대부분 스타트업에서는 일하면 안 되잖아요.

그럼 앞서 살펴본 메루카리의 재무제표를 예로 들어봅시다. 이 그래프를 보고 다들 어떻게 생각하시나요?

아마추어가 보기에는 매출은 오른다고 해도 적자가 이렇게까지 많으면 걱정이 되긴 하네요.

이런 추세로 매출이 급격하게 늘어난다니 굉장해요. 그래프만 보면 엄청난 성장시장에 속한 기업이라는 생각은 들어요. 이만큼 성장시키기 위해서 뭔가 선행투자도 하고 있을 테니, 적자가 늘어나는 점도 이해가 가요. 그래프만으로는 왜 적자가 나는지는 알 수 없지만요.

저는 매출과 이익보다는 재무상태표 등 현금 상황을 보고 싶어요. 솔직히 이 그래프만으로는 알 수가 없는데, 다른 정보도 함께 살펴보지 않으면 뭐라 할 수가 없네요. 왜 매출과 이익이 이렇게까지 둘 다 급격하게 늘었을까요? 메루카리의 비즈니스는 중고거래 앱 운영이잖아요.

물건을 팔고 싶은 사용자가 메루카리에 물건을 등록하면, 사고 싶은 사용자가 구입할 수 있는 앱이에요. 사용자 수가 늘어날수록 매출도 늘어나죠. 앞에서 본 지모티 사례처럼 사용자를 늘리기 위한 광고비로 엄청난 돈을 쓰고 있지 않을까요? 적자 원인은 이런 부분에도 있을지도 모르겠어요.

여러분은 누구와 비슷한 의견이신가요? 여기서부터는 실제 메루카리 재무제표를 통해 적자의 본질을 파헤쳐 봅시다.

재무제표를 읽을 때 생각할 점

뉴스나 신문 등은 방송 시간이나 지면이 정해져 있어서 수치나 결과만 보도되는 일이 많습니다. 예를 들어 A사의 매출은 얼마 하락했고 이익이 얼마 올랐다 하는 식입니다. 그저 적자니까 무조건 좋지 않다고 반사적으로 결론을 내리지 말고, 애초에 왜 적자가 발생했는지 원인을 알아보고 판단하는 것이 올바른 사고방식입니다.

메루카리 적자의 원인은?

실제로 메루카리의 손익계산서를 살펴봅시다. 그러자 적자는 아무래도 광고선전비에 상당한 금액이 잡힌 것이 원인이라는 점을 파악했습니다. 광고선전비가 약 343억엔, 영업손실은 약 193억엔입니다.

● **재무제표를 읽을 때의 사고방식** ·······························

 표면적인 수치만을 보고 판단

 수치의 원인을 여러모로 찾아보고 판단

 우와, 엄청난 적자네. 이 회사 안 되겠네!

 적자 원인이 뭘까? 알아보자!

여기서 중요한 부분은 광고선전비는 대부분 고정비라는 점입니다. 즉 경영판단을 통해 광고를 멈추고자 하면 언제든지 멈출 수 있다는 뜻입니다. 만약 메루카리가 광고선전비를 0으로 만들기로 한다면 곧바로 흑자로 전환될 수도 있습니다. 마음만 먹는다면 언제든지 흑자로 만들 수 있는 상태지만, 거액의 광고선전비를 쓰다 보니 적자가 나타나고 있습니다.

● 메루카리 적자 원인 알아보기 1

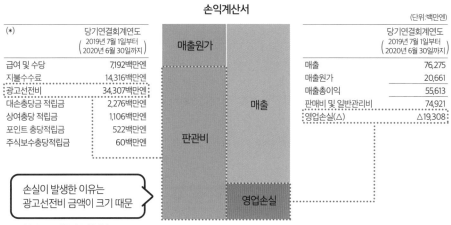

손익계산서

(단위:백만엔)

(*)	당기연결회계연도 (2019년 7월 1일부터 2020년 6월 30일까지)
급여 및 수당	7,192백만엔
지불수수료	14,316백만엔
광고선전비	34,307백만엔
대손충당금 적립금	2,276백만엔
상여충당 적립금	1,106백만엔
포인트 충당적립금	522백만엔
주식보수충당적립금	60백만엔

	당기연결회계연도 (2019년 7월 1일부터 2020년 6월 30일까지)
매출	76,275
매출원가	20,661
매출총이익	55,613
판매비 및 일반관리비	74,921
영업손실(△)	△19,308

손실이 발생한 이유는
광고선전비 금액이 크기 때문

(※ 판관비 중 주요 항목 및 금액을 게재)

● 메루카리 적자 원인 알아보기 2

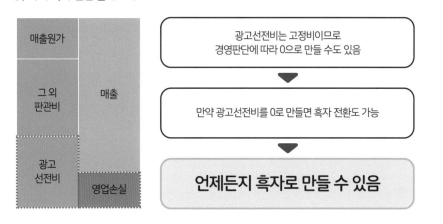

광고선전비는 고정비이므로
경영판단에 따라 0으로 만들 수도 있음

▼

만약 광고선전비를 0로 만들면 흑자 전환도 가능

▼

언제든지 흑자로 만들 수 있음

> **② 계속적인 투자에 대해서**
> 당사 그룹은 지속적인 성장을 위해 인지도와 신뢰도를 높임으로써 더욱 많은 사용자를 획득하는 동시에 기존 사용자를 유지하고자, 회사 설립 이후 적극적으로 광고와 선전 등에 투자하고 있으며 앞으로도 지속해서 국내외에 광고 등을 진행할 방침입니다.

(2020년 6월기 유가증권보고서)

왜 적자가 날 만큼 광고선전비를 쓸까?

적자의 원인을 알았다면, 그다음에는 왜 이렇게까지 광고에 비용을 쏟아붓는지 궁금하실 겁니다. 결산자료를 살펴보면 광고선전비에 대한 언급이 나옵니다(〈메루카리 광고선전비의 의도〉 참조).

 메루카리의 결산자료에 광고선전비에 대한 언급이 있네요. 신규 사용자 획득과 기존 사용자 유지가 주요 목적이군요.

 결산자료에는 투자 배경 등도 기재되어 있어요. 확실히 적자 수치만 보고 판단하기에는 조금 이르네요.

요약하면 신규 사용자 획득, 기존 사용자를 계속 유지하기 위해 거액의 광고선전비가 잡혔다는 뜻입니다. 그럼 어떻게 광고선전비를 이만큼 쓸 수 있는지 파헤쳐 봅시다. 우선 메루카리는 C to C(Consumer to Consumer) 서비스로, 개인과 개인 간 플랫폼 비즈니스를 운영하고 있습니다. 판매자와 구매자를 모두 모아야 하다보니 매력적인 플랫폼을 계속 유지할 필요가 있습니다.

이번에는 사람들이 선택하는 플랫폼의 매력이 무엇인지 생각해볼까요?

• 판매자로서는 제대로 자신이 판매하는 물건을 사줄 사람이 있는지
• 구매자로서는 물건이 많고 여러 가지 상품을 만족할 만큼 고르고 비교할 수 있는지

앞에서 플랫폼 비즈니스의 특징을 요약했습니다. 즉 더욱 많은 사용자를 획득해서 플랫폼의 매력을 높이는 것이 C to C 비즈니스 모델에서는 매우 중요합니다. 이를 통해 사용자가 다른 서비스로 빠져나가지 않도록 하는 것이 메루카리의 가치를 계속해서 높이는 길입니다.

● 메루카리 비즈니스의 특징

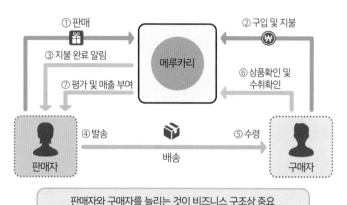

판매자와 구매자를 늘리는 것이 비즈니스 구조상 중요

● 2014~2020년 메루카리 MAU와 GMV 추이

4분기 GMV는 판매 정책에 더해 코로나19 효과도 있어
작년 대비 40%의 높은 성장률 달성

※ 출처: <FY2022.6 4Q 決算説明会資料>

거액의 광고홍보비를 집행하는 배경에는 메루카리가 플랫폼 이용자를 늘리는 성장 단계에 있으므로 적자가 선행한다는 사실을 알 수 있습니다.

왜 매출보다 총 거래액을 중요하게 볼까?

도표 〈2014~2020년 메루카리 MAU와 GMV 추이〉를 보면 메루카리의 중요한 지표 두 가지가 공개되어있습니다. 첫 번째는 GMV(Gross Merchandise Volume, 총 거래액)라는 지표입니다. 메루카리 플랫폼 내에서 얼마나 거래가 이루어졌는지 총액을 나타내는 지표입니다. 또 한 가지는 MAU(Montly Active User)라는 지표로, 이는 월간 활성 이용자 수를 나타내는 수치입니다. 광고선전비 효과가 제대로 GMV와 MAU에 반영되었는지 살펴보는 것이 메루카리 재무제표에서는 매우 중요합니다. 비용을 들인 만큼 제대로 성장하고 있다면 광고효과가 적절하게 나타나고 있다고 볼 수 있습니다.

 매출뿐만 아니라 GMV라는 지표는 왜 중요한가요?

　기본적으로 매출은 많은 회사에서 중요한 지표로 생각합니다. 그러나 플랫폼 비즈니스에서는 매출보다도 총 거래액이 중요한 경우가 많습니다. 예를 들어 메루카리는 출시 당시 수수료율을 0%로 설정해 이용자 수를 늘리는 데 집중했습니다. 그래서 창업 이후 1~2년 동안에는 매출이 1원도 나지 않는 상태가 이어졌습니다. 매출

● **숫자에 나타나지 않은 마케팅 비용** ···

(2) 제출회사의 경영지표 등

회차		제1기	제2기	제3기	제4기	제5기
결산연월		2013년 6월	2014년 6월	2015년 6월	2016년 6월	2017년 6월
매출	(백만엔)	-	-	4,237	12,256	21,254
경상이익 또는 경상손실(△)	(백만엔)	△24	△1,373	△1,099	3,262	4,469
당기순이익 또는 당기순손실(△)	(백만엔)	△24	△1,374	△1,104	3,011	△6,990
자본금	(백만엔)	50	885	2,065	6,286	6,286

(2) 제출회사의 경영지표 등

회차		제1기	제2기	제3기	제4기	제5기
결산연월		2013년 6월	2014년 6월	2015년 6월	2016년 6월	2017년 6월
매출	(백만엔)	-	-	4,237	12,256	21,254
경상이익 또는 경상손실(△)	(백만엔)	△24	△1,373	△1,099	3,262	4,469
당기순이익 또는 당기순손실(△)	(백만엔)	△24	△1,374	△1,104	3,011	△6,990
자본금	(백만엔)	50	885	2,065	6,286	6,286

매출 계산식

총 거래액 × 수수료율 0% = 매출 0엔

수수료율이 0%인 경우, 매출도 0이 된다

이 나지 않는다는 뜻은 실제로는 눈에 보이지 않는 마케팅 비용을 쏟았으나, 매출이 0이 되었다는 뜻이기도 합니다(《숫자에 나타나지 않는 마케팅 비용》 참조).

메루카리의 매출 계산식을 보면, '총 거래액×수수료율'이 메루카리의 매출입니다. 수수료율을 0%로 설정했을 때는 매출이 0엔입니다. 그러므로 매출만 보면 수수료율이 0%일 때, 회사는 전혀 성장하지 않았다고 볼 수밖에 없습니다(《《메루카리 창업 1~2년차 매출이 '0'인 이유》 참조).

플랫폼 비즈니스의 매출은 수수료율을 어떻게 하느냐에 따라 0이 될 가능성도 있어요.

그렇군요, 그래서 매출보다 총 거래액이라는 지표가 중요하겠네요.

기업의 비즈니스 모델에서 가장 중요한 지표가 무엇인지 염두에 두고 재무제표를 확인할 필요가 있습니다. 메루카리처럼 플랫폼 비즈니스는 총 거래액이나 활성 이용자수(Active User)를 중요하게 봐도 좋습니다.

언젠가 현금이 바닥나지 않을까?

사용자를 모아야 하므로 광고선전비에 비중을 둔다는 점, 광고선전비를 멈추면 흑자가 된다는 점은 이해했습니다. 그렇지만 이렇게 적자가 이어지면 도산하지 않을까요?

네, 그럼 이번에는 메루카리 재정을 살펴봅시다.

메루카리의 재무상태표를 살펴보면 총자산 대부분이 현금 및 예금으로 구성되어 있다는 점을 알 수 있습니다. 현금을 굉장히 많이 갖고 있으므로 당분간은 문제가 없을 것으로 판단할 수도 있습니다.

하지만 거액의 광고선전비를 집행해서 계속해서 적자를 낸다면 언젠가 이렇게 쌓아둔 현금이 바닥을 드러내지는 않을지 걱정이 됩니다. 그래서 제대로 현금이 들어오고 있는지 확인하기 위해 현금흐름표를 살펴보았습니다.

현금흐름표를 살펴보면, 메루카리는 본업을 통해 제대로 현금이 들어오는 구조를 완성했다는 사실을 알 수 있습니다. 메루카리의 특징은 손익계산서상으로는 적

● **메루카리의 재무상태표**

①【연결재무상태표】 (단위:백만엔)

자산	전기 연결회계연도 (2019년 6월 30일)	당기 연결회계연도 (2020년 6월 30일)
유동자산		
현금 및 예금	125,578	135,747
매출채권	1,341	1,119
유가증권	5,196	5,260
미수금	14,176	15,612
기지급비용	913	1,609
예금	5,383	9,718
기타	319	1,614
대손충당금	△1,094	△1,404
유동자산 합계	151,813	169,277

> 총자산 대부분이 현금 및 예금
> 1,357억엔 가까운 현금 등을 보유하고 있음

**연결재무상태표
2020년 6월기**

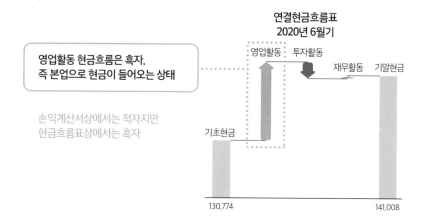

연결현금흐름표
2020년 6월기

영업활동 현금흐름은 흑자,
즉 본업으로 현금이 들어오는 상태

손익계산서상에서는 적자지만
현금흐름표상에서는 흑자

영업활동 투자활동 재무활동 기말현금

기초현금

130,774   141,008

자지만 현금흐름표상으로는 사실 흑자라는 점입니다. 적자 상태인데도 어떻게 현금이 들어오는가 하면, 그 이유는 메루카리의 비즈니스 모델에서 찾을 수 있습니다.

판매자가 물건을 팔고 나서 판매대금을 찾을 때까지 매출은 메루카리에 일단 저장됩니다. 비즈니스 구조상 돈이 내부에 쌓이기 쉽다고 할 수 있습니다. 메루카리는 기본적으로 사용자가 늘어날수록 거래건수도 늘어납니다. 거래가 늘어날수록 '맡아둔 돈', 즉 예치금 형태로 메루카리에 쌓인 금액도 점점 늘어납니다.

● 메루카리 비즈니스 모델

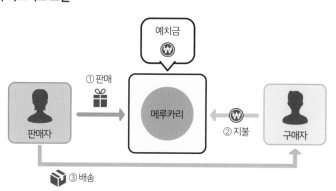

예치금
Ⓦ

①판매
🎁

메루카리

Ⓦ
②지불

판매자   구매자

③배송

그렇군요. 저도 물건을 판매한 돈이 쌓여도 출금할 때 수수료가 들어가니까, 사실 저도 어느 정도 금액이 쌓이면 한꺼번에 출금신청을 해요.

이용자가 늘어날수록 현금이 쌓이는 구조이다 보니 총 거래액 지표가 더욱 중요합니다. 광고홍보비를 들여 총 거래액과 이용자를 늘리는 배경이 바로 여기에 있습니다.

메루카리는 앞으로 어떻게 될까?

이제 메루카리의 최신 재무제표와 전망에 대해 살펴봅시다. 메루카리는 최근에 드디어 흑자를 달성했습니다. 전략이 상당히 잘 굴러갔다고 볼 수 있지요(〈최근 5년간 메루카리 재무제표〉 참조).

지금까지 다룬 내용에서 보았듯이, 적자기업의 재무제표를 볼 때는 다음과 같은 방식으로 접근하면 좋습니다.

① 왜 적자인지 원인 찾아보기
② 적자여도 괜찮은지 기업의 비즈니스 모델을 확인하기
③ 현금을 보유하고 있는지, 현금이 들어오는 구조를 구축했는지 확인

● **최근 5년간 메루카리 재무제표**

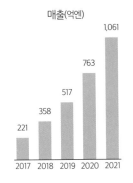

매출(억엔)

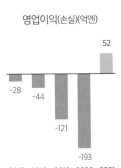

영업이익(손실)(억엔)

● **이번 장에서 다룬 정보 출처** ···

① 유가증권보고서
- 제1 [기업의 개요]
- 제2 [사업 현황]
- 제5 [회계 현황]

② 결산설명회 자료

여기까지 읽고 나면 처음에 책을 읽기 전과는 달리 메루카리에 대한 이미지가 상당히 바뀌었을지도 모릅니다. 단순히 적자라서 회사 상황이 좋거나 나쁘다고 판단하기보다는 숨어 있는 적자의 원인을 찾아볼 필요가 있다는 점을 알 수 있는 사례였습니다.

취업과 이직에 도움이 되는
재무제표 읽기

(게스트: 기업분석 해커/@company_hack)

취업이나 이직할 때 어떻게 재무제표를 활용하면 좋을지에 대한 질문을 자주 받습니다. 그래서 전직 채용담당자이자 트위터 팔로워 10만 명이 넘는 기업분석 계정을 운영하는 '기업분석 해커'에게 '취직과 이직에 도움이 되는 재무제표 읽는 법'에 대해 여쭤보았습니다.

기업분석 해커 이건 정말 자주 받는 질문이에요. 막상 취업이나 이직을 하려고 할 때 보면 기업이 올린 채용정보에는 객관적인 정보가 너무 적다고 느끼곤 하죠.

입사했더니 생각했던 조건과 다르다거나 처음 상상했던 분위기와는 다르다는 이야기를 자주 듣곤 해요.

기업분석 해커 네. 그러한 차이를 메우기 위해서도 재무제표는 유용한 도구입니다. 저희는 입사하고자 하는 회사를 고를 때 재무제표에서 참고하면 좋은 항목을 크게 세 가지로 분류합니다.

　① 기업이 공시하는 사실 정보, 데이터 확인(기업의 현재 모습)
　② 공시정보에서 기업의 미래를 상상(기업의 미래 모습)
　③ 1번과 2번을 포함해 면접을 통해 기업에 던져야 하는 질문 확인

만약을 위해 전제를 설정한다면, 취업할 때는 재무제표를 통해 기업 전체를 알 수는 없습니다. 기업을 알아보는 정보의 출처는 여러 가지가 있지만, 사업보고서는 재무제표를 바탕으로 한 여러 가지 정보 중 하나에 불과하기 때문입니다.

돈을 잘 버는 회사라고 꼭 보람이 있지는 않은 것처럼, 주가가 오를 것 같은 회사라고 반드시 월급이 잘 오르는 것도 아니라는 말이겠네요.

기업분석 해커　면접은 기업으로부터 공개되어 있지 않은 정보를 얻을 유일한 기회이므로, 그 자리에서 얼마나 수준 높은 질문을 던져 자신에게 중요한 답을 끌어낼 수 있는지에 따라 직장 선택 성공 여부가 갈립니다.

면접에 대비해서 미리 정보를 모아야겠군요.

기업분석 해커　과거 면접관으로서 몇백 명 이상의 사람들을 면접했는데요. 수준 높은 질문을 하는 분들은 정말 놀랄 만큼 적습니다. 이렇게 수준 높은 질문을 하는 사람들은 앞서 말한 1, 2번에 관련되어 다음 두 가지 사항을 준비한다는 공통점이 있어요.

　1. 기업이 공시한 사실 정보와 데이터를 알고 있음
　2. 공시정보로부터 기업의 미래를 상상하고 있음

　기업 대부분은 현재와 미래 목표의 차이를 메꿔주는 인재를 채용하려고 합니다. 기계나 AI가 일상에서도 쉽게 사용되는 요즘, 기업에서 인재 채용이란 회사를 더 성장시키는 유일한 수단이 아닙니다. 그런 와중에도 인재를 채용한다면 굳이 고정비를 늘리는 의사결정을 해야 하므로 상당한 목적의식이 필요하죠.

이러한 목적을 올바르게 이해한 후 면접을 통해 자신이 어떤 일에 공헌할 수 있는지 찾아봅시다. 이러한 질문을 계속해서 던지는 구직자는 기업 입장에서도 굉장히 매력적이에요.

재무제표는 어디까지나 계기에 불과하고, 이를 통해 기업에서 왜 인재를 필요로 하는지, 어떠한 인재를 찾고 있는지 가설을 세우면서 정리하고, 면접에 임해서는 수준 높은 질문을 해야 하는군요.

2

[소매업/보험업]
좋은 적자 vs 나쁜 적자, 차이점 파악하기

적자의 질을 판단하려면 비즈니스 모델을 이해해야 한다

적자에는 이유가 있고, 이유에 따라서는 반드시 적자라서 나쁘다고는 볼 수 없다는 내용은 앞서 설명했습니다. 이처럼 적자 중에는 질이 좋은 적자가 있고 나쁜 적자가 있습니다. 이를 판단하려면 단순히 재무제표뿐만 아니라 회사의 비즈니스 모델을 이해하고 판단해야 하는 사례가 종종 있습니다.

이번에는 오오츠카 가구와 라이프넷 생명보험 두 회사를 테마로, 어떻게 적자의 질을 판단해야 하는지 살펴봅시다.

앞서 메루카리 이야기에서 취업준비생이 기업의 적자를 의식한다는 이야기가 나왔는데, 적자는 저 같은 영업 직군들도 신경 써야 할까요?

영업하려면 사전에 준비해서 기업의 상황을 확인해야 하지 않을까요.

그럼 적자인 회사에는 영업하지 않는 편이 좋나요?

음, 예산 사용에 대한 문제니까 투자 단계에 있는 회사라면 적자라도 예산을 써도 되지 않을까요.

이번 장에서 다룰 기업 ·····

● **오오츠카 가구**
가구 소매 판매나 법인을 대상으로 한 인테리어 및 가구 컨설팅 사업을 전개한다.

● **라이프넷 생명보험**
인터넷으로 각종 보험 계약을 다이렉트로 판매한다.

그럼 이번에는 적자의 질을 살펴봅시다.

Q 적자의 질이 좋은 기업은 어느 쪽인지 생각해보자!

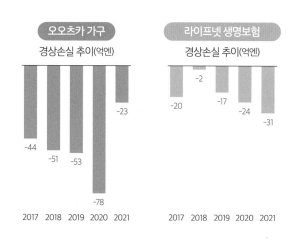

 앞의 그래프는 둘 다 적자 기업인 오오츠카 가구와 라이프넷 생명보험의 경상손실 추이입니다. 앞서 메루카리는 한 회사만 다루었는데, 이번에는 적자 상태인 두 회사를 비교해봤어요. 이 그래프를 보고 여러분은 어떻게 생각하시나요? 각각 마음껏 생각을 펼쳐 보세요.

 적자 규모가 큰 회사는 거래처로서는 도산할 가능성이 있으니 장기적인 관계를 맺기엔 어렵지 않을까 싶어요.

 적자는 확실히 신경 쓰이기는 해요. 적자는 비용이 많이 들어간다는 뜻이니까 그냥 단순하게 말하기는 어렵긴 하네요.

 라이프넷 생명보험은 적자 자체는 늘어나고 있지만, 오오츠카 가구는 적자가 줄어드는 것처럼 보여서, 혹시 회복 추세가 아닐까 싶어요.

그런가요. 무슨 일이 있으면 대비하기 위해 드는 게 생명보험인데, 이렇게 적자가 난다면 무슨 일이 있을 때 망해버리지 않을지 걱정이 되는데요.

 그렇네요. 메루카리처럼 적자가 늘어나는 이유를 찾아야 할 것 같아요.

 오오츠카 가구는 소매업을 하고 있는데 상품을 판 순간에 돈이 들어오지만, 라이프넷 생명보험은 매월 가입자로부터 돈이 정기적으로 들어오잖아요. 매출이 들어오는 방식이 다르지 않을까요.

정답은 라이프넷 생명보험이 질이 좋은 적자입니다.

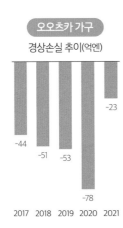

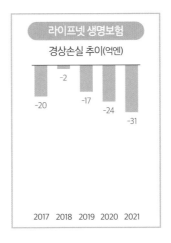

 해설에 앞서 묻고 싶은데요, 왜 적자가 좋지 않다고 생각하나요?

 네? 적자가 이어지면 도산할 가능성이 있으니까 안 좋은 것 아닌가요?

 그건 좀 다른 얘기에요. 기업은 적자가 나서 도산하는 것이 아니라 현금이 바닥을 보여서 대금을 내지 못할 때 도산합니다.

● 기업은 어떻게 하면 도산할까?

같은 적자라도 의미는 완전히 다르다

적자가 이어지면 결국 도산한다는 선입견 때문에, '적자'라는 단어를 보면 부정적인 이미지를 떠올리기 쉽습니다. 그러나 적자가 도산으로 이어진다는 생각은 현실과는 조금 다릅니다. 적자라서 도산하는 것이 아니라, 대금을 지급하지 못할 때 도산합니다.

왜 적자에 빠질까?

오오츠카 가구와 라이프넷 생명보험의 재무수치를 얼핏 보면 두 회사 모두 계속 적자를 내는 회사처럼 보입니다. 그러나 단순히 수치만 보고 비즈니스 모델을 파악하지 않으면 적자의 본질을 이해할 수 없습니다.

우선 라이프넷 생명보험의 수익모델은 어떤 것일까요? 라이프넷은 보험회사이므로 특정 고객이 가입한 지 1년 차에는 매출이 전부 들어오지 않습니다. 보험은 중장기에 걸쳐 수익이 발생하는 구조입니다. 고객을 획득하기 위해 들어가는 비용은 가입 1년 차에 발생하지만, 그 수익은 장기간에 걸쳐 발생한다는 특징이 있습니다. 따라서 첫해에 거액의 비용이 발생하기 쉬운 비즈니스라는 게 라이프넷 생명보험의 특징입니다.

이러한 수익 구조는 사실 기존 손익계산서에서는 판단할 수 없는 부분입니다. 예를 들어 수익을 계산해보면 고객 1명당 생애에 걸쳐 발생하는 수익인 LTV(고객생애가치, Life Time Value)는 71만엔입니다. 여기에 매출원가나 고객획득비용(CAC, Customer Acquisition Cost)을 비교해서 계산하면 고객 1명당 충분한 이익이 발생한다는 사실을

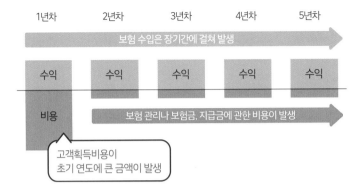

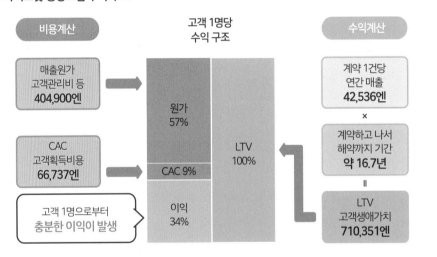

알 수 있습니다.

다만 손익계산서상에서는 아무리 해도 연간 매출만 계산되는데, 반면 고객획득 비용은 첫해에 큰 금액이 잡히기 때문에 1년간 총결산하면 손실로 표시되므로 회계상 한계가 있습니다. 장기적인 시점에서 수익 구조를 살펴보지 않으면 전체 기간을 볼 때 고객 한 명으로부터 제대로 수익을 발생시킨다는 사실을 이해하기 어렵습니다.

● 손익계산서상 표시와의 비교

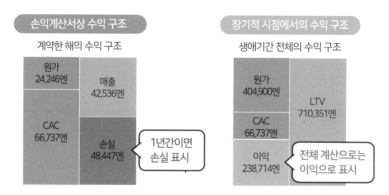

손익계산서상 수익 구조

계약한 해의 수익 구조

| 원가 24,246엔 | 매출 42,536엔 |
| CAC 66,737엔 | 손실 48,447엔 |

1년간이면 손실 표시

장기적 시점에서의 수익 구조

생애기간 전체의 수익 구조

원가 404,900엔	LTV 710,351엔
CAC 66,737엔	
이익 238,714엔	

전체 계산으로는 이익으로 표시

● 계약 건수가 늘어날 때마다 적자가 확대

보험 계약 건수 추이(만 건)

24 26 31 37 44
2017 2018 2019 2020 2021

경상손실 추이(억엔)

-20 -2 -17 -24 -31
2017 2018 2019 2020 2021

라이프넷 생명보험의 특징으로는 보험 계약 건수가 늘어날수록 적자가 점점 확대된다는 점입니다. 이는 고객을 획득하는 비용이 첫해에 잡히기 때문입니다. 고객이 늘어날수록 적자는 확대되지만, 전체 생애기간을 보면 제대로 이익이 발생하는 수익 구조이기도 합니다. 그러나 아무래도 손익계산서상에는 적자가 선행되어 표시됩니다. 질이 좋은 적자란 뜻이기도 합니다.

오오츠카 가구의 적자 원인은 무엇일까?

오오츠카 가구의 재무제표를 살펴봅시다. 매출은 매년 감소하는 데다 그대로 계속 적자가 발생한다는 점을 알 수 있습니다. 매출이 감소하면 당연히 수지타산이 맞지 않는 매장이 나옵니다. 이런 상황이 계속 이어지면 결국 매장을 닫을 수밖에 없습니다.

　매장을 철수하면 판매력이 낮아지고 그 결과 매출도 감소합니다. 그리고 매출이 감소하면 그만큼 쓸 수 있는 예산도 당연히 줄어들고 투자예산이 삭감됩니다. 그렇

● **오오츠카 가구 재무수치**

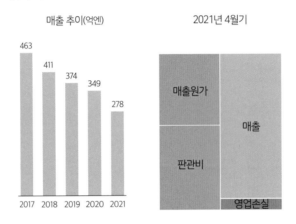

● **매출감소에 따른 악순환**

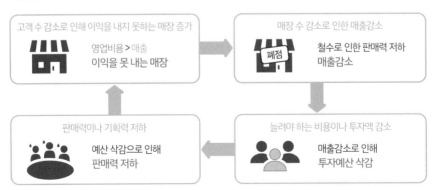

게 되면 인건비나 광고선전비를 줄이면서 더욱 판매력이 떨어지고, 또다시 이익을 내지 못하는 매장이 나타나는 식으로 악순환에 빠집니다. 이는 질이 나쁜 적자의 사례라고 할 수 있습니다.

 같은 적자라도 내용은 전혀 다르군요.

 그래요. 그러므로 표면적인 수치뿐만 아니라 회사가 어떤 비즈니스를 하고 있는지에 따라 적자의 질을 살펴보지 않으면 표를 잘못 읽는 실수를 저지를 수 있죠.

● **라이프넷 생명보험 적자 상황 요약** ·······

> · 고객획득비용이 선행되어 적자가 생기기 쉬움
> · 매출이 아닌 LTV(고객생애가치) 베이스로 확인할 필요가 있음
> · 계약 건수가 증가함에 따라 적자가 확대되는 비즈니스
>
> ➡ 질이 좋은 적자

● **오오츠카 가구 적자 상황 요약** ·······

> · 매출이 매년 축소
> · 매장에 들어가는 비용도 매년 감소
>
> ➡ 질이 나쁜 적자

비용은 매출에 의존한다

 이건 여담이지만 앞서 설명한 이야기를 보충하겠습니다. 매출이 증가하는 추세인 회사는 들어가는 비용도 당연히 커지겠죠.

매출과 이익이 증가하는 회사일수록 당연하지만 쓸 수 있는 돈도 늘어납니다. 반면에 수익이 감소하는 회사는 그만큼 투자를 할 수 없습니다. 오오츠카 가구 사례처럼 악순환에 빠지고 맙니다.

● ① 수익이 증가 추세인 회사

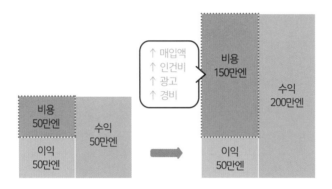

● ② 수익이 감소 추세인 회사

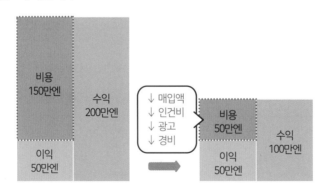

마찬가지로 일반 소비자를 대상으로 가구를 판매하는 대형 업체인 오오츠카 가구와 니토리 홀딩스를 보겠습니다. 〈니토리 홀딩스 매출과 영업비용 추이〉 도표는 15년간 니토리의 실적을 정리한 것입니다. 니토리는 매출이 꾸준히 우상향하는데, 이는 그대로 투자할 수 있는 금액으로 이어집니다.

반면에 오오츠카 가구는 매출이 하락하는 추세이기 때문에 들어가는 비용도 줄어드는 상태입니다. 〈오오츠카 가구 매출 및 영업비용 추이〉 도표를 보면 불과 5년 만에 매출이 반토막이 났습니다.

● **니토리 홀딩스 매출과 영업비용 추이** ·····································

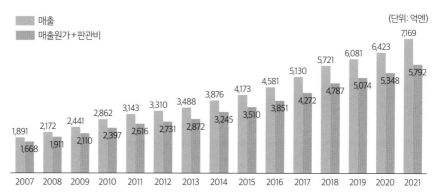

● **오오츠카 가구 매출 및 영업비용 추이** ·····································

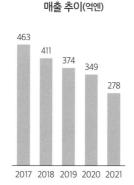

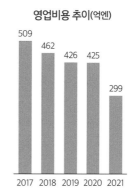

구독형 회사의 매출 지표 특징

그럼 이번에는 라이프넷 생명보험이 쓸 수 있는 비용은 얼마인지 볼까요? 매월 과금되는 구독형 서비스로 매출을 올리는 회사는 단순히 매출을 지표로 보기 어려운 측면이 있습니다. 다음 사항을 생각해야 합니다.

> - 구독형 서비스의 경우 매출보다 LTV를 확인
> - LTV가 큰 회사일수록 고객획득에 들어가는 비용도 큰 경향

 LTV는 Life Time Value(고객생애가치)라는 의미의 지표입니다. 한 사람의 고객이 미래에 얼마나 수익을 내는지를 뜻합니다.

라이프넷 생명보험은 고객 1인당 평생에 걸쳐 얼마나 수익을 만들어내는지를 기준으로 삼고, 이를 통해 고객 1인당 비용을 고려하고 있습니다. 그러므로 매출이 아닌 LTV가 중요하다는 뜻입니다. 만약 매출금액이 적다고 해도 그 이상 고객을 획득하는 비용을 들일 수 있는 배경에는, 라이프넷 생명보험이 LTV라는 지표를 보고 있기 때문입니다.

● **수익을 인식하는 서로 다른 타이밍**

1회 판매형 비즈니스

판매 시

수익

비용

판매한 시점에서
이익을 회수

구독형 비즈니스

계약 시

계약기간에 걸쳐 수익이 발생 →

수익　수익　수익

비용

여러 해에 걸쳐
이익을 회수

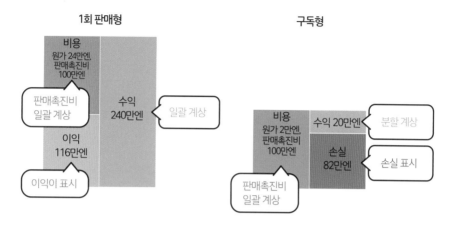

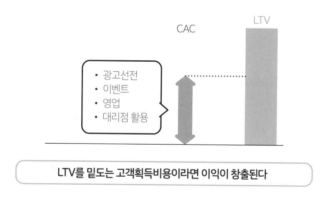

LTV를 밑도는 고객획득비용이라면 이익이 창출된다

참고로 라이프넷 생명보험은 유가증권보고서나 결산설명 자료에서 자사의 비즈니스를 판단할 때 유의해야 할 점을 공개하고 있습니다. 유가증권보고서의 [사업 등의 리스크]에서 장기간에 걸쳐 보험료 수익이 발생하는 한편, 계약 전후 단기간에 광고나 계약 수수료 등이 비용으로 잡히므로 회계상으로는 손실로 표시된다는 점이 명시되어 있습니다.

또한 이러한 비즈니스 모델에 대해 결산설명 자료에서도 고객 1인당 평생 만들어 내는 수익을 공개하고 있습니다. 고객 1인당 연간 4.3만엔 밖에 매출이 나오지 않는

● **사업상황에 기재되는 비즈니스 모델의 유의점** ....

유가증권보고서: 제2 사업의 현황(P12)

2 [사업 등의 리스크]

유가증권보고서에 기재한 사업상황, 재무상황 등에 관한 사항 중 경영자가 당사의 재정상태, 경영성적 및 현금 흐름 상황에 큰 영향을 미칠 가능성이 있다고 인식하고 있는 주요 리스크는 다음과 같습니다. 당사는 이러한 리스크를 인식한 후, 사태 발생의 회피 및 발생했을 경우의 신속하고 적절한 대응에 노력합니다. 덧붙여 본 항목에서 장래에 관한 사항은, 별도의 표시가 없는 한, 본 유가증권 보고서 제출일 현재에 대해 당사가 판단한 것입니다.

[b] 영업비용 투하와 관련된 리스크

생명보험업에서는 일반적으로 장기간 평균적으로 보험료를 수수하는 한편 계약 전후 단기간에 광고선전비·대리점 수수료 등이 집중적으로 지출되기 때문에 회계상 손실이 발생할 수 있습니다. 당사는 인지도 향상과 신규 계약 획득을 목적으로 TV 광고 및 검색 연동형 광고로 대표되는 각종 광고홍보를 시행하고 있으며, 2020년도에도 적극적으로 영업비용을 투입하고 있습니다. 영업활동이 적절하게 이루어지지 않는 경우 또는 당사가 생각하는 만큼 인터넷을 통한 보험상품에 대한 구매 행동이 소비자에게 침투하지 않으면 영업비용의 효율이 저하되어 당사의 실적에 악영향을 미칠 수 있습니다. 당사에서는 새로운 계약의 성장과 영업비용 효율의 균형이 매우 중요하다는 인식에 따라 사업 환경 등을 주의 깊게 관찰하면서, 영업비용의 투입 여부를 판단해 가겠습니다.

데 비해 고객의 획득 비용에 6.7만엔을 들이는 이유는, 고객 1인당 평균 보험연수가 약 17년 동안 이어지기 때문입니다.

 구독형 비즈니스는 고객이 계약기간에 얼마나 수익을 만들어내는지 고려하지 않으면 회사가 사용하는 비용을 이해할 수 없겠네요.

 오오츠카 가구나 니토리와는 애초에 비용을 쓰는 방식이 다르네요. 공부가 되었어요.

결산설명 자료에서는 재무제표에서는 알아보기 힘든 내용을 보충하고 있습니다. 투자자들에게는 자신들의 비즈니스에서 중시하는 지표 등을 공개함으로써 투자를 도모한다는 사실을 알 수 있습니다.

● 결산설명 자료 예시

ARR (Annual Recurring Revenue) 계약당 매출	계약 1건당 연간 환산매출	보유계약 1건당 연간 환산 보험료 42,486엔	보유계약 1건당 연간 환산 보험료 42,536엔
	용어해설	2019년도	2020년도
Life time 고객계약기간	고객이 계약하고 나서 해약하기까지의 기간 (계약률 역수로 산출)	평균 보험기간 14.3년[1]	평균 보험기간 16.7년
Gross Profit Margin 순이익률	매출에서 매출원가를 제한 후 이익률	45%[2]	43%[3]
LTV (Life Time Value) 고객생애가치	계약 개시부터 종결까지의 기간 손실의 누계	(보유계약 1건당 연간 환산 보험료 ×평균 보험기간×순이익률) 273,397엔	(보유계약 1건당 연간 환산 보험료 ×평균 보험기간×순이익률) 305,451엔
CAC (Customer Acquisition Cost) 고객획득비용	고객획득을 위한 마케팅 비용	1건당 영업이용 75,970엔	1건당 영업비용 66,737엔

1 1÷해약실효율
2 (보험료 − 보험금 및 급부금 등 지급액 − 책임준비금 등 적립액)÷보험료
3 영업비용÷신규 계약 건수

● 좋은 적자, 나쁜 적자의 차이를 꿰뚫어 보는 방법

- 적자라서 나쁘기만 한 것이 아니라 반드시 이유도 확인해야 함
- 비즈니스 모델에 따라 크게 달라지기 때문에 숫자만 보고 판단하지 않아야 함

● 이번 장에서 다룬 정보 출처

① 유가증권보고서
- 제1 [기업의 개요]
- 제2 [사업 현황]
- 제5 [회계 현황]

② 결산설명회 자료

영업에서 도움이 되는
재무제표를 보는 법

(게스트: 기시모토 유지 씨, @yk47657570)

 앞서 영업할 때 재무제표를 활용하는 법에 대해서 가볍게 언급했는데요. 한 발 더 나아가서 실제로 영업 현장에서 재무제표를 활용하는 분께 이야기를 들어 보겠습니다. 이번에는 회계 퀴즈가 막 시작될 즈음부터 여러 가지로 풀이 방법을 제시해주신 기시모토 씨께서 영업에서 도움이 되는 재무제표를 읽는 법을 설명해주시겠습니다.

기시모토 기업 대상, 즉 B to B 영업에서 어떻게 재무제표를 활용하면 좋을지 이야기 드리겠습니다. 먼저 퀴즈부터 낼게요. 일면식이 없는 담당자에게 연락해서 실제로 만남이 성사될 확률은 몇 % 정도 된다고 생각하세요?

 연락이 되는 확률이라는 뜻이죠? 음, 10% 정도요?

기시모토 일반적으로는 0.1% 정도라고 합니다. 그 정도로 타깃으로 삼는 회사의 담당자와 직접 만나기는 어렵습니다. 그러므로 단 한 번의 미팅을 준비하는 데 최선을 다해야 합니다. 비즈니스 미팅을 할 때는 자사뿐만 아니라 상대 회사 담당자의 인건비도 발생합니다. 즉 적당히 대충 준비한 내용만으로는 시간만 낭비할 뿐이니 모두에게 손실입니다.

 그렇군요. 비즈니스 미팅에 대한 의식도 바뀌겠네요. 그럼 구체적으로는 어떤 준비가 필요한가요?

기시모토 준비를 들자면 끝이 없지만, 이번에는 재무제표에서 최소한으로 알아둬야 할 정보를 골라 소개하겠습니다. 우선 기업의 상품이나 수익 구조입니다. 어떤 상품을 팔고 있는지, 그리고 그 상품을 어떻게 팔고 있는지에 대한 정보입니다.
예를 들어 같은 소프트웨어 서비스라도 기업을 상대로 하는 서비스인지, 소규모 중소 기업이나 혹은 개인을 상대로 하는지에 따라 판매 방식은 완전히 다릅니다. 기업을 상대로 하는 경우 상품을 판매하기 위한 영업부서가 필요하며, 거액의 인건비도 발생합니다.

반면 개인 차원에서 도입할 것인지 판단할 수 있는 소규모 서비스라면 대규모 영업부서는 필요 없고, 광고홍보비가 비용 대부분을 차지하는 때가 자주 있습니다. 이처럼 상품에 따라 판매하는 상대가 달라지며, 판매처가 달라지면 판매 방식도 달라지므로 어떠한 상품을 판매하는지에 대한 정보가 중요합니다.

 어떤 상품을 판매하는지는 대부분 영업이 잘 알고 있는 정보지만, 상품의 판매 수단과 판매처까지 깊게 파고들어야 상품의 이해를 할 수 있겠네요.

기시모토　또한 상품을 팔기 위해 어느 정도 예산을 사용하는지 사전에 참고할 만한 수치도 알아둘 필요가 있습니다. 만약 광고 예산을 딴다면 손익계산서상 광고홍보비 금액이 예산의 상한 기준이 됩니다.

 그렇군요. 우선 영업할 상대방이 어떤 비즈니스를 하고 있는지 파악한 후에 제안을 세워야겠네요.

기시모토　불명확한 목표를 제안하거나 인간적인 관계가 있다고 거래처를 정하지 말고, 각자 내부에 이익으로 이어지는 보고를 할 수 있는 공통의 목표를 향한 영업 기회가 늘어나면 좋을 것 같습니다.

 영업에서의 생각도 바뀔 듯합니다.

3

[엔터]
결산자료에서 사업 만드는 방식 파악하기 1

기업을 얼마나 성장시켜왔는지 추적하자

기업을 창업할 때 정보는 물론 중요하지만 그보다 유용한 정보는 기업이 어떻게 회사를 성장시켰는가 하는 부분입니다. 이러한 정보에는 비즈니스를 성공시키기 위한 구체적인 수단이 다양하게 포함되어 있습니다. 이번 장에서는 사이버에이전트를 사례로 들어 회사가 어떻게 성장해왔는지 재무제표를 통해 알아봅시다.

Q 사이버에이전트의 손익계산서는 어느 쪽일까?

※ 사이버에이전트는 2021년 9월기, 믹시는 2021년 3월기 유가증권보고서를 바탕으로 작성

이번 장에서 다룰 기업

● **사이버에이전트**
광고사업과 '아메바 블로그' 등을 운영했는데, 최근에는 인터넷 서비스인 'ABEMA(구 Abema TV)'나 게임 개발을 하는 기업이다.

● **믹시**
초기에는 교류형 SNS 'mixi'를 운영했는데, 현재는 모바일 게임 <몬스터 스트라이크>를 시작으로 인기 스마트폰 게임 서비스가 주력인 기업이다.

이번에는 사이버에이전트와 믹시의 손익계산서를 살펴보고자 하는데요. 어느 쪽이 사이버에이전트인지 알겠어요?

 저는 사이버에이전트도 믹시도 모바일게임으로 유명한 회사라고 들었는데요. 〈우마무스메〉나 〈몬스터 스트라이크〉 같은 게임들이요.

 둘 다 모바일 게임을 운영하는 회사네요. 그렇지만 비용 구조는 완전히 다를 것 같아요.

 매출원가의 크기도 다르고요. 모바일게임에는 어떤 원가가 들어갈까요?

 모바일게임은 그렇게 원가가 크진 않을 것 같아요. 모바일 게임은 무형의 재화, 다시 말하면 소프트웨어잖아요. 닌텐도처럼 하드웨어를 생산하는 회사보다는 원가도 낮을 것 같고요.

 소위 가챠, 일명 뽑기형 상품 과금으로 인한 매출도 엄청나요. 그런데 왜 이렇게 원가 규모의 느낌이 다를까요?

 그럼 두 회사를 비교할 때 모바일 게임 이외에는 어떤 차이가 있다고 생각하나요?

 저, 죄송한데요. 사이버에이전트는 굳이 말하자면 아메바 블로그(사이버에이전트가 제공하는 블로그 서비스명-옮긴이) 같은 느낌이 강해서요. 사이버에이전트는 게임 이외에도 여러 가지 사업을 하는 것 같은데 아닌가요?

 그러네요. 광고사업도 하고 있고 최근에는 ABEMA(구 AbemaTV)도 운영하면서 미디어 사업에도 참여했고요.

 믹시는 예전에 교류형 게시판 SNS 사업으로 유명했잖아요? 지금은 모바일 게임 이외 사업은 안 하고 있는 것 같고요.

지금은 거의 게임사업이 중심인 회사가 됐어요.

 게임이 주축인 회사랑, 게임 이외에도 여러 가지 사업을 운영하는 회사를 비교하는 거군요. 그러면 ABEMA처럼 영상 미디어 사업을 운영하는 회사가 원가가 더 많이 필요할 것 같아요. 원가가 큰 1번이 사이버에이전트일까요?

 정답이에요! 1번이 사이버에이전트입니다.

두 회사의 매출 차이는?

사이버에이전트의 매출에서 매출원가가 차지하는 비중이 크다는 사실에 많이 놀랐을 겁니다. 두 회사의 비즈니스 구조 차이를 살펴봅니다. 퀴즈에서는 같은 모바일 게임을 운영히는 회사라도 비용 구조가 전혀 다르다는 내용을 다뤘습니다. 〈사이버에이전트와 믹시의 매출내역〉은 두 회사 매출내역을 그래프로 표시한 것입니다.

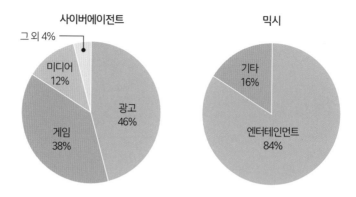

● 사이버에이전트와 믹시의 매출내역

사이버에이전트

그 외 4%
미디어 12%
게임 38%
광고 46%

믹시

기타 16%
엔터테인먼트 84%

광고사업 중심의 사이버에이전트

사이버에이전트는 여러 가지 사업으로 매출이 구성되어 있는데, 손익계산서의 형태를 살펴보면 광고회사로서의 특징이 가장 뚜렷하게 나타납니다. 그럼 실제로 어떠한 사업을 하고 있고 각각의 비용 구조를 확인하기 위해 유가증권보고서 중 사업부문 정보를 살펴봅시다.

● 사이버에이전트의 세 가지 중심 사업

당기 연결회계연도 (2020년 10월 1일부터 2021년 9월 30일까지)

(단위: 백만엔)

	보고 사업부문						조절액 (주1)	연결 재무제표 계상액
	미디어	인터넷 광고	게임	투자 작성	기타	합계		
매출								
외부고객 매출	76,128	302,083	262,365	6,441	19,441	666,460	–	666,460
사업부문 간 내부 매출 또는 대환매출	6,740	19,229	385	–	2,302	28,658	△28,658	–
합계	82,869	321,313	262,751	6,441	21,744	695,119	△28,658	666,460
사업부문 이익 또는 손실(△)	△15,141	22,570	96,445	4,408	479	108,763	△4,381	104,381
기타 항목								
감가상각비	1,742	986	5,794	0	876	9,401	709	10,111

● 사이버에이전트의 원가내역

사이버에이전트 2021년 9월기

[매출원가명세서]

구분	추기번호	전기 사업연도 (2019년 10월 1일부터 2020년 9월 30일까지) 금액(백만엔)	구성비(%)	당기 사업연도 (2020년 10월 1일부터 2021년 9월 30일까지) 금액(백만엔)	구성비(%)
Ⅰ 매체비		185,513	83.1	229,514	85.1
Ⅱ 인건비		3,985	1.8	4,182	1.6
Ⅲ 외주비		15,855	7.1	19,482	7.2
Ⅳ 경비		17,322	7.8	15,479	5.7
Ⅴ 투자육성사업 매출원가		487	0.2	1,041	0.4
당기총매입액		223,164	100.0	269,700	100.0
기초상품 및 시제품, 재고자산		246		270	
합계		223,411		269,971	
기말상품 및 시제품, 재고자산		270		265	
타계정환산		1,570		771	
당기매출원가		221,569		268,934	

(주) 원가 계산 방법
당사의 원가 계산은 실제 개별 원가 계산입니다.

매출원가 65% | **매출 100%**
판관비 19%
영업이익 19%

> **원가의 절반 이상이 광고대리점 사업 매체비로 구성**

도표 〈사이버에이전트의 세 가지 중심 사업〉에서 사이버에이전트의 사업부문 정보를 보면, 인터넷 광고와 게임은 흑자인 데 반해 미디어 사업은 적자가 이어지고 있습니다. 이들 사업은 사이버에이전트의 3대 사업입니다.

그럼 이 중에서 가장 원가가 큰 사업은 무엇일까요? 사이버에이전트의 원가내역(〈사이버에이전트의 원가내역〉 참조)을 살펴보면 매체 비용이 원가 대부분을 차지한다는 점을 알 수 있습니다.

 개별 재무제표 수치기는 하지만 매체비로만 80% 이상을 쓰는군요. 엄청나네요.

인터넷 광고 비즈니스는 외부에서 미디어 매체를 구매해야 합니다. 이렇게 들여온 미디어 매체가 원가에 반영되는데, 이 비용이 매체비입니다. 사이버에이전트는 광고대리점처럼 광고 프레임을 판매할 뿐만 아니라, 마케팅 지원이나 크리에이티브 제작 등 서비스를 묶어 고객에게 제공합니다. 이러한 매출을 만들기 위해 사들인 미디어(매체)가 매체비로 원가에 반영되는 비용 구조를 갖추고 있습니다.

2021년 3월기

매출내역

게임사업 중심의 믹시

사이버에이전트는 광고 및 게임, 미디어와 여러 사업으로 돈을 벌어들입니다. 반면에 믹시는 엔터테인먼트 매출이 전체 중 84%로, 대부분의 매출을 게임으로 벌어들입니다.

믹시의 매출 구성은 단순합니다. 매출 대부분이 모바일 게임에서 나오기 때문에, 매출원가도 서버 비용과 더불어 게임 서비스를 유지하고 운영하는 데 필요한 비용으로 구성됩니다. 또한 사용자가 모바일 게임에서 과금할 때는 앱을 거쳐서 결제합니다. 또한 아이폰 사용자의 매출은 앱스토어를 제공하는 애플에 수수료를 내는데, 이때 수수료는 판관비로 계상합니다.

 매출 대부분을 게임사업에서 얻으니 당연하지만, 손익계산서 형태도 게임회사에 가까운 형태네요.

 어라, 사이버에이전트도 모바일 게임을 서비스하고 과금 요소가 있잖아요? 판관비에 이 수수료는 포함되지 않나요?

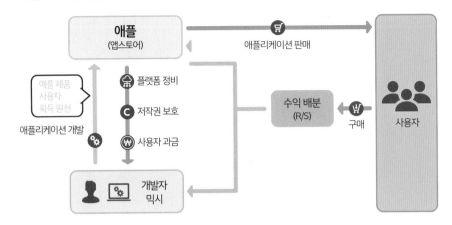

 물론 사이버에이전트도 비용으로 잡히지만 전체 매출 중 인터넷 광고 사업 매출과 매출원가가 크다보니 전체적으로 보면 그렇게 큰 영향은 없어요.

참고로 퍼즐앤드래곤으로 유명한 게임회사 경호 온라인 엔터테인먼트(Gungho)는 이러한 수수료를 판관비가 아니라 매출원가에 포함하는데, 같은 모바일 게임회사라도 반드시 수수료를 판관비로 잡는다고는 볼 수 없다는 점을 참고해주세요.

매출원가에 넣을지 판관비에 넣을지에 따라 판단이 나뉘는 비용의 경우 기업에 따라 표시 구분이 달라지기 때문에 개별 기업마다 확인하는게 좋습니다. 다음은 시이버에이전트의 주특기인 신규 사업을 개처하는 방법을 살펴보겠습니다.

4

[엔터]
결산자료에서 사업 만드는 방식 파악하기 2

시계열분석: 매출·이익 추이에서 사업 만드는 방식 읽기

드디어 본론입니다. 이번에는 사이버에이전트를 다루면서 스타트업에서 시작한 기업이 어떻게 대기업으로 성장을 이루었는지 궤적을 찾아보겠습니다. 여러 가지 사업 분야에서 성공을 만들어낸 회사에는 배울 만한 점이 많이 있습니다. 그럼 바로 살펴봅시다.

 우선 여러분들은 사이버에이전트라는 회사에 어떤 이미지를 갖고 계신가요?

 대기업이고 취준생들에게 인기 있는 회사라는 이미지예요.

 저는 아무래도 스타트업이라는 생각이 제일 먼저 떠올라요.

 하하, 사람에 따라서 생각이 다르네요.

사이버에이전트는 어떤 회사일까?

급성장을 이룬 사이버에이전트는 다들 이름은 들어본 적이 있어도, 사업내용까지 잘 알고 있는 사람은 많지 않을지도 모릅니다. 어떤 기업인지 우선 실적을 보면서 생각해봅시다.

사이버에이전트 실적은 어떻게 판단해야 할까?

● **사이버에이전트 매출과 영업이익률의 추이**

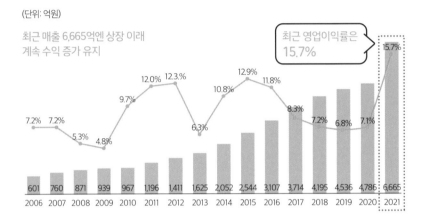

(단위: 억원)

최근 매출 6,665억엔 상장 이래
계속 수익 증가 유지

최근 영업이익률은
15.7%

	2006	2007	2008	2009	2010	2011	2012	2013	2014	2015	2016	2017	2018	2019	2020	2021
매출	601	760	871	939	967	1,196	1,411	1,625	2,052	2,544	3,107	3,714	4,195	4,536	4,786	6,665
영업이익률	7.2%	7.2%	5.3%	4.8%	9.7%	12.0%	12.3%	6.3%	10.8%	12.9%	11.8%	8.3%	7.2%	6.8%	7.1%	15.7%

 앞의 도표는 15년간에 걸쳐 사이버에이전트의 매출 추이를 나타낸 자료입니다.

 매출은 우상향이니 계속 성장하는 회사 같네요.

 오, 이렇게 보니 영업이익률은 꽤 왔다 갔다 하네요.

 확실히 그래프가 위아래로 움직이네요. 왜 이렇게 변화가 심한가요?

 음, 영업이익률은 확실히 편차가 크지만, 예를 들어 2009년에서 2012년처럼 영업이익이 성장하는 중에도 특히 눈에 띄는 시기가 있었죠. 남은 이익을 투자로 돌린 건 아니었을까요? 화려한 회사라는 이미지가 있지만, 이 표만 보면 꽤 건강하게 경영을 하는 회사라는 생각도 드네요.

 날카롭네요! 좋은 관점이에요!

영업이익률이 낮아지는 시기=사업을 만드는 시기

사이버에이전트는 상장 이래 매출이 꾸준히 늘어나는 기업입니다. 한편 영업이익률을 시계열로 살펴보면 변화폭이 크다는 사실을 알 수 있습니다.

 영업이익률이 내려가는 시기에는 무슨 일이 있었던 걸까요?

우선 그래프와 회사의 역사를 살펴봅시다. 유가증권보고서에는 반드시 '연혁'이라는 항목이 있어서 기업의 역사가 기재되어 있습니다. 영업이익률이 떨어진 시기와 연혁에 기재된 사건을 같이 살펴보면, 2009년에 게임사업 본격 개시, 2012년에는 스마트폰 전환 개시, 2015년에는 AbemaTV(현 ABEMA) 설립 등과 같이 중요한 전환점과 영업이익률이 떨어진 시기가 딱 맞아떨어진다는 사실을 알 수 있습니다.

영업이익률이 올라간 시기에는 이전부터 회사의 역량을 쏟은 사업이 궤도에 올라 이익이 발생하고, 반대로 영업이익률이 내려간 시기는 새로운 사업을 구상했다고 볼 수 있습니다. 그래프에서도 알 수 있듯 영업이익률이 하락한 시기에 선행투자를 하고, 선행투자를 한 사업이 제대로 이익을 내면서 다음 투자를 하는 방식을 반복했다는 사실이 잘 나타나 있습니다.

 최근에 영업이익률이 엄청나게 오르는 건 ABEMA가 잘되었기 때문인가요?

최근 영업이익률이 굉장히 오른 이유를 살펴봅니다. 원래 계획에 따르면 앞서 지적한 대로 ABEMA 사업이 순항해서 영업이익률이 오를 것으로 기대했으나, 실제로 ABEMA는 아직도 적자입니다.

이는 불규칙한 사건으로 인한 영향입니다. 2020년에 출시한 모바일 게임 〈우마무스메〉가 기대 이상의 엄청난 인기를 얻은 결과, 영업이익이 크게 올라간 점이 원인입니다. 하지만 〈우마무스메〉가 아무리 잘되었다고는 해도, 사이버에이전트가 지금까지 보인 움직임을 통해 생각해보면 앞으로 언젠가 ABEMA가 궤도에 오르는 동

2021년 2분기 유가증권보고서
2 [연혁]

연월	개요
1998년 3월	도쿄도 미나토구에 당사 설립
1999년 4월	본점 소재지를 도쿄도 미나토구 기타 아오야마 3초메 5-30호로 이전
2000년 3월	도쿄증권거래소 스타트업 시장(마더즈) 상장
	도쿄도 시부야구 도겐자카 1-12번지(시부야 마크시티)로 본점 이전
2004년 9월	'Ameba' 서비스 개시
2009년 4월	스마트폰에 특화된 광고대행 사업을 하는 '㈜CyberZ' 설립
2009년 5월	'㈜썸잽(Sumzap)'을 설립하여 게임사업 본격 시작
2011년 5월	게임사업 강화를 위해 '㈜사이게임즈(Cygames)' 설립
2012년 6월	스마트폰용 'Ameba' 서비스 개시
2013년 5월	크라우드 펀딩 서비스를 제공하는 '㈜사이버에이전트 크라우드 펀딩(현 ㈜마쿠아케)' 설립
2014년 4월	게임사업 강화를 위해 '㈜크래프트에그(Craft Egg)'를 설립
2014년 9월	도쿄증권거래소 시장 1부 시장 변경
2015년 4월	㈜TV아사히와 공동 출자하여 동영상 유통사업을 하는 '㈜AbemaTV' 설립
2015년 4월	㈜AbemaTV에서 새로운 미래형 TV 'AbemaTV(현 ABEMA)' 개국
2016년 4월	기업 및 'Ameba'의 브랜드 로고 개편
2018년 10월	J리그 클럽 'FC마치다 젤비아'를 운영하는 ㈜젤비아의 그룹 참여
2018년 10월	㈜AbemaTV, ㈜덴츠, ㈜하쿠호도DY미디어 파트너스의 자본 업무 제휴
2018년 11월	공공경기 인터넷 투표 서비스 개발 및 운영을 위한 '㈜윈티켓' 설립
2019년 3월	본사 소재지를 도쿄도 시부야구 우다가와쵸 40-1 (Abema Towers)로 이전
2021년 7월	'㈜리얼게이트'의 주식 취득 및 부동산 영역 진출
2021년 11월	DX를 통해 기업의 수익 확대를 지원하는 '㈜사이버에이전트DX' 설립

1998년 창업
1998년에 인터넷에 특화한 광고 기획제안사업을 개시

2000년 마더스 상장
(한국의 코스닥 시장에 해당되는 도쿄 증권 거래소 섹션-옮긴이)

2004년 Ameba를 개시
2004년 처음 흑자 달성. 웹서비스 'Ameba' 개시

2009년 게임사업 본격 개시
2004년 처음 흑자 달성. 웹서비스 'Ameba' 개시

2012년 전사 베이스로 스마트폰 전환
스마트폰을 위한 상품으로 매출 전환

2015년 Abema TV 설립

시에 영업이익률도 상승하리라 추측할 수 있습니다. 이렇게 불규칙한 사건도 영향을 주므로 확인해야 합니다.

그럼 간단하게 사이버에이전트의 창업부터 오늘날에 이르기까지 흐름을 살펴봅시다(《사이버 에이전트의 역사》 참조). 지금은 큰 회사지만 이 회사가 어떻게 사업을 키워왔는지 재무제표를 통해 알 수 있습니다. 각각 시기를 살펴보죠.

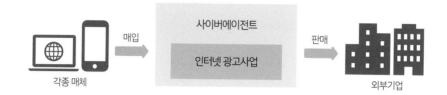

설립: 광고대리점 사업

사이버에이전트는 인터넷 광고를 특화한 사업에서 시작되었습니다. 다른 회사의 광고 매체를 또 다른 회사에 판매하는 대리점 비즈니스에서 출발했는데, 특히 인터넷 광고를 중심으로 하는 기획 및 제안 사업이 회사의 시초입니다. 다른 회사의 상품을 판매하며 영업력으로 승부할 수 있는 비즈니스로 시작했기 때문에 이 시기에는 세일즈 능력을 키웠습니다.

제2의 축: 미디어 사업

지금까지는 다른 회사의 광고 매체를 판매했지만, 광고대리점 사업이 궤도에 오르자 더욱 이익률을 올리기 위해 미디어 사업(Ameba)을 시작했습니다. Ameba 사업은 미디어 프레임을 광고 상품으로 판매할 뿐만 아니라, Ameba 자체를 이용할 때 얻는 과금 서비스에서 수익을 얻은 두 가지 비즈니스가 있습니다.

　다음에 나오는 〈2006~2010년 사이버에이전트 매출과 영업이익률 추이〉 도표를 봅시다. 2000년대 후반 영업이익률이 감소한 배경에는 Ameba 관련 사업에 선행투자가 반영되어 있습니다. Ameba 사업은 장기 선행투자를 거쳐 드디어 2010년에 연간 흑자에 성공합니다.

● 미디어 사업 추가 후 사이버에이전트 비즈니스 모델

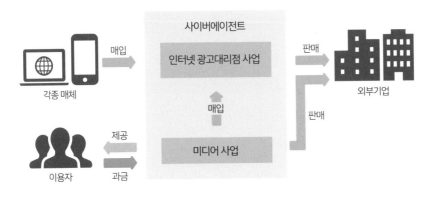

● 2006~2010년 사이버에이전트 매출과 영업이익률 추이

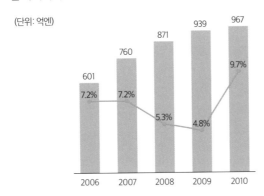

게임사업에 본격 참여

영업력와 미디어로서의 힘이 생기자 콘텐츠의 필요성이 떠올랐습니다. 인터넷 광고, 미디어 사업에 이어 세 번째로 게임사업에 본격적으로 참여합니다. 게임 홍보도 자사 미디어를 통해 할 수 있으므로 사업적 연관성을 이용해 또 다른 사업을 일군다는 사실을 알 수 있습니다.

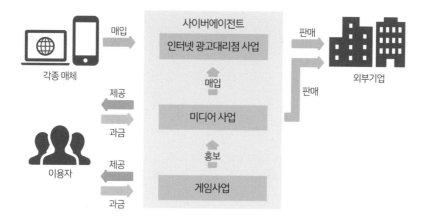

전환기: 스마트폰 전환

게임사업에 참여해서 재무상으로는 매년 매출과 이익이 늘어나며 거칠 것 없었던 사이버에이전트였지만, 2012년 전후 경영환경이 변화하기 시작합니다. 이는 스마트폰이 빠르게 보급되었기 때문입니다. 사이버에이전트는 원래 웹 광고에 강한 기업이었지만 미래를 대비해서 스마트폰 시장에서의 위치를 견고하게 지키고자 했고, 웹 광고 중심에서 스마트폰 광고 중심으로 전환을 시도했습니다(〈사이버에이전트의 스마트폰 전환 대비〉 참조).

● 사이버에이전트의 스마트폰 전환 대비

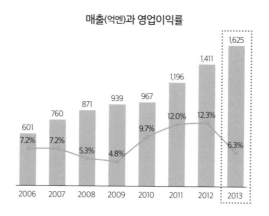

매출(억엔)과 영업이익률

Ameba의 스마트폰 버전 출시도 빨랐지만, 대규모 프로모션을 실시해서 '스마트폰은 사이버에이전트'라는 광고를 집행하게 됩니다. 그 결과 상당한 금액의 광고선전비를 지출한 시기이기도 합니다. 스마트폰 광고 시장에 뛰어든 결과 일시적으로 영업이익이 하락했지만, 그 후 스마트폰 광고로 전환하는 데 성공해서 매출과 영업

● 사이버에이전트의 2013년 대규모 프로모션 실시

사이버에이전트 2013년 3분기 유가증권보고서(연결손익계산서 관련)

※1 판매비 및 일반관리비 주요 계정 및 금액은 다음과 같습니다.

	전기 연결회계연도 (2011년 10월 1일부터 2012년 9월 30일까지)	전기 연결회계연도 (2012년 10월 1일부터 2013년 9월 30일까지)
급여수당	9,227백만엔	9,390백만엔
광고선전비	6,196백만엔	11,479백만엔
회수수수료	4,915백만엔	6,588백만엔

● 사이버에이전트 스마트폰 사업 매출 추이

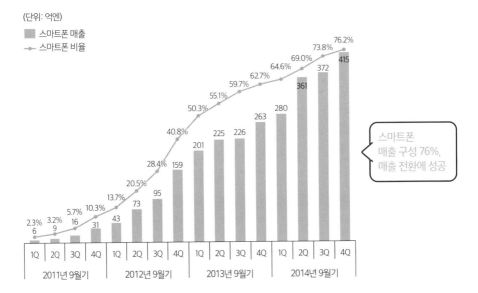

(단위: 억엔)
- 스마트폰 매출
- 스마트폰 비율

스마트폰 매출 구성 76%, 매출 전환에 성공

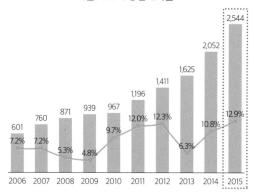

매출(억엔)과 영업이익률

이익 모두 꾸준히 상승했습니다. 이에 따라 벽에 부딪혔던 광고사업도 다시 성장했습니다.

사이버에이전트는 인터넷 광고 점유율 1위였지만 그대로 안주하지 않고 앞장서서 스마트폰 광고 시장을 손에 넣었습니다. 이는 회사의 규모가 커졌어도 밑바닥에는 스타트업 정신이 남아있었기 때문일지도 모릅니다.

확대기: Abema TV(현 ABEMA)

스마트폰으로 전환에 성공한 끝에 역대 최고 매출과 영업이익을 달성한 사이버에이전트는, 이어서 자사 미디어인 Abema TV(현 ABEMA)에 선행투자를 발표합니다(《사이버에이전트의 투자 스타일》 참조).

 경영실적이 가장 좋을 때 다음 투자를 집행하는 것이 사이버에이전트의 경영방침이군요.

당시 사장인 스스무 후지타 사장의 블로그를 보면, 역대 최고 이익을 달성했음에

매출(억엔)과 영업이익률

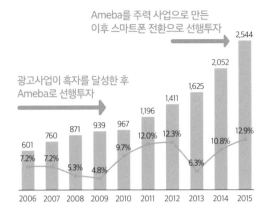

Ameba를 주력 사업으로 만든
이후 스마트폰 전환으로 선행투자

광고사업이 흑자를 달성한 후
Ameba로 선행투자

● 사이버에이전트의 ABEMA 선행투자

매출(억엔)과 영업이익률

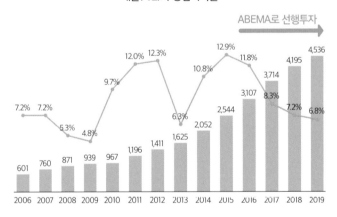

ABEMA로 선행투자

도 불구하고 이러한 발표 때문에 결산설명회 분위기는 좋지 않았다는 글이 적혀 있
었습니다. 그리고 이러한 분위기를 받아들여 사이버에이전트에서는 이 무렵 투자자
들을 설득하기 위해 경영지표를 의식하기 시작합니다.

　ABEMA는 TV 방송국이므로 궤도에 오르기까지 당연히 상당한 시간이 걸립니
다. 방송을 먼저 제작해야 하는데 제작비로 돈이 점점 빠져나가기 때문에, 다른 사

제2 [사업현황]

1 [경영방침 경영환경 및 대처해야 할 과제 등]

(1) 회사의 경영 기본방침

당사 그룹은 '21세기를 대표하는 기업을 창조한다'를 비전으로 삼고, 인터넷 분야를 축으로 사업을 창조해 나
가는 것을 경영의 기본방침으로 삼고 노력해 나가고 있습니다.

(2) 목표하는 경영지표

당사 그룹이 중시하는 경영지표는 ① 매출액, ② 영업이익의 2가지 지표입니다. 고수익 사업을 개발 및 전개
하여 수익률 증가를 도모할 것입니다. 또한, 중장기적인 기둥으로 키우기 위해 TV & 비디오 엔터테인먼트
'Abema'에 대한 <u>선행투자</u>를 진행하고 있으며, 투자 기간에도 주주 여러분께 중장기적으로 도움을 드릴 수 있
<u>도록 'DOE(자기자본 배당률) 5% 이상'을 경영지표의 기준</u>으로 삼고 있습니다.

업이 성공해야만 시작할 수 있는 사업이기도 합니다. ABEMA에 투자가 시작됨과 동
시에 선행투자가 겹쳐서 영업이익률이 내려갔지만, 한편으로는 다른 게임사업과 광
고사업이 순조로웠기 때문에 매출은 계속해서 늘어나는 경향을 보였습니다(《사이버
에이전트의 ABEMA 선행투자》 참조).

이 시기부터 주주 대상 지표를 의식하기 시작한 사이버에이전트는, 자기자본배
당률(DOE)이라는 지표를 꺼내기 시작했습니다(《투자자 이해를 위한 지표》 참조). 도표를
보면 선행투자를 앞두고 주주에 대한 배려로 DOE 5% 이상을 설정했습니다. 이는
벌어들인 이익뿐만 아니라 주주자본을 기준으로 배당을 집행하는 지표입니다. 주
주들이 ABEMA에 선행투자에 대한 부정적인 인상이 있다 보니, 선행투자 때문에
이익률이 하락해도 배당은 안정적으로 나온다는 공시를 함으로써 주주들로부터
장기간에 걸쳐 지지를 얻고자 노력했다는 사실을 알 수 있습니다.

이처럼 10년, 20년간 재무지표를 쫓아가다 보면 기업이 어떤 발전을 이루어왔는
지 알 수 있는 힌트를 얻을 수 있습니다. ABEMA는 아직 적자가 나고 있지만 월드
컵 방영권을 획득하는 등 좋은 실적을 거두며 흑자 전환에 대한 기대가 매년 높아
지고 있습니다.

● 수익 핵심을 키워 다음 비즈니스로 연결하는 사이버에이전트

① 영업력으로 승부하는 대리점	판매력을 높이고 자사 외의 상품(매체)을 판매
② 자사 미디어(Ameba)	광고대리점과 관계가 좋은 자사 매체를 판매
③ 자사 콘텐츠(게임)	판매력을 무기로 자사 콘텐츠를 제작
④ 자사 미디어(ABEMA)	자사 콘텐츠이기도 한 매체인 사업에 착수

사이버에이전트의 성장방침

앞에서 다룬 내용을 훑어보면 사이버에이전트의 성장방침에는 몇 가지 특징이 있다는 점을 알 수 있습니다. 첫 번째는 대규모 투자나 인수를 하지 않고 사업을 키워왔다는 점입니다. 이는 현금흐름표에도 나타나 있습니다.

후지타 사장 블로그에도 있듯 대규모 인수나 투자도 하지 않고, 외부에서 유명한 경영진을 영입하는 것도 아닙니다. 대신 스스로 힘으로 만들고 사업을 키워간다는 일관된 경영방침으로 계속 성장한 기업이라는 사실을 알 수 있습니다. 이러한 철학은 적어도 경영진이 바뀌지 않는 한 지속될 것입니다.

● 사이버에이전트 현금흐름 추이

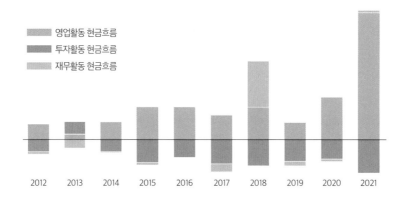

참고로 사이버에이전트의 스스무 후지타 사장은 아메바 블로거이기도 한데, '시부야에서 일하는 사장 블로그(https://ameblo.jp/shibuya/)'를 쓰고 있어요. 이 게 꽤 재밌어서 전부 다 읽었어요.

 네? 10년 치를 다 읽었다고요?

이렇게 기업에서 일어난 일은 결산자료가 공개되어 있어서 외부에서 분석할 수 있습니다. 하지만 실제로 기업 측, 게다가 최고경영진이 어떤 생각으로 행동하는지는 그다지 잘 드러나지 않는 부분입니다. 그러나 사이버에이전트는 이러한 부분이 모두 공개가 되어 있습니다. 그러므로 결산자료와 대조하면서 스스무 사장의 블로그를 살펴보면 답을 찾아가는 것처럼 재미있는 과정일지도 모릅니다.

지금까지 내용을 정리해봅시다. 사이버에이전트는 사업을 만들 때 우선 자신들의 판매력을 기반으로 사업을 만들고, 다음으로는 본인들의 상품, 광고 매체를 판매하는 사업으로 미디어 사업을 시작했습니다. 이러한 미디어에서 자사 콘텐츠를 홍보할 수도 있습니다. 그래서 콘텐츠를 스스로 만들고 더 나아가 판매할 수 있는 게

● **사이버에이전트가 사업을 만드는 방식**

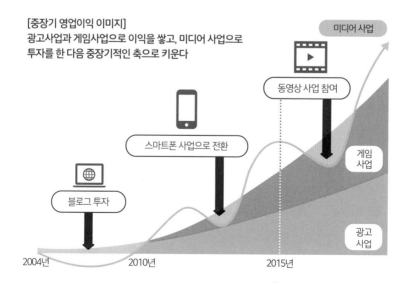

[중장기 영업이익 이미지]
광고사업과 게임사업으로 이익을 쌓고, 미디어 사업으로 투자를 한 다음 중장기적인 축으로 키운다

미디어 사업

동영상 사업 참여

스마트폰 사업으로 전환

게임 사업

블로그 투자

광고 사업

2004년 　　　　2010년 　　　　　　2015년

매출(억엔)과 영업이익률

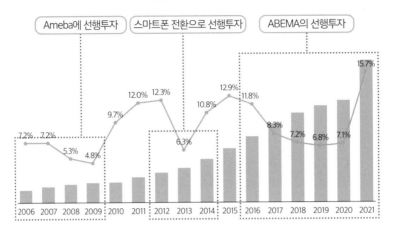

임사업이 시작되었고, 동영상 사업에도 진출해서 점점 자신들의 자산을 넓혀가는 방식입니다(〈사이버에이전트가 사업을 만드는 방식〉 참조).

　이러한 사업 창조 순서를 바탕으로 다시 한번 실적을 시계열로 늘어놓고 비교해 보면, 다시 숫자가 새롭게 보일지도 모릅니다(〈사이버에이전트 이익률이 하락한 시기〉 참조). 일본을 대표하는 스타트업으로서 사이버에이전트의 장래가 기대되는 재무제표 분석이었습니다.

● 이번 장에서 다룬 정보 출처 ···

① 유가증권보고서
· 제1 [기업의 개요]
· 제2 [사업 현황]
· 제5 [회계 현황]

② 결산설명회 자료
③ 사장 블로그

5

[IT]
비즈니스 모델 변경 영향 파악하기

그래프 움직임에서 비즈니스 배경을 읽어내자

비즈니스 모델을 변경한 기업의 사례를 살펴봅시다. 이번에 다룰 기업은 전 세계의 디자이너 등 크리에이터를 대상으로 오랜 기간 소프트웨어를 제공하고 있는 어도비(Adobe)입니다. 디자인은 전혀 흥미가 없는 분들도 PDF를 열람하거나 편집하는 프로그램을 제공하는 회사라면 잘 압겁니다. 어도비는 원래 1회 판매형이었던 판매 방식을 구독형 비즈니스 모델로 변경한 회사입니다. 그럼 다음을 봅시다.

 어도비의 지표 중 ①은 무엇일까?

어도비 매출과 각종 지표 추이(%)

··

● **어도비(Adobe)**

포토샵이나 일러스트레이터 등 크리에이터들이 사용하는 여러 가지 소프트웨어 프로그램을 운영하는 기업이다.

이번에 다룰 기업은 어도비입니다. 매출 추이를 살펴보면 알 수 있듯 원래는 1회 판매형 모델이 매출의 중심이었는데, 2012년에 구독형으로 이행을 선언합니다. 이후 2014년 불과 2년 만에 매출 방식이 급격하게 전환되어 구독형 매출이 급상승한 회사입니다.

● **구독형으로 전환한 어도비**

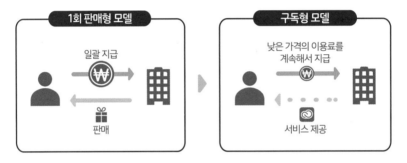

● **어도비 구독형 모델과 1회 판매형 모델 매출 추이** ··················

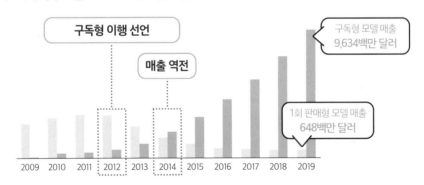

1번 지표가 어느 것인지 생각하는 문제군요. 그렇지만 별로 익숙하지 않은 지표들이 많네요.

1회 판매형에서 구독형으로 전환했다는 점에서 적어도 '구독형 모델 매출원가율'과 '1회 판매형 모델 매출원가율', 두 가지에 대해서는 그래프가 도중에 교차하는 것 같은 형태가 아닐까요? 1회 판매형이 우하향하면 구독형이 우상향일 것 같고요.

그렇네요. 음, 구독형으로 이행을 선언하고 나서 갑자기 그래프가 급락하는 부분과 급상승하는 부분이 있네요. 이건 뭘까요?

마케팅 비용 아닐까요? 전환 시점에 구독형에 관한 알림을 여러 차례 보냈을 테니까요.

듣고 보니 그러네요. 그럼 마케팅 비용이 들어간 만큼 이익률은 내려갈 것 같은데요.

그럼 2012년에 부쩍 오르고 있는 것이 매출액 대비 마케팅 비용 비율이고, 부쩍 떨어지고 있는 것이 매출액 대비 영업이익률이라고 가정하면 어떻게 될까요?

아까 이야기랑 연결되는데, 뚜렷하게 완만한 우하향인 1번 그래프가 구독형 모델 매출원가율이 아닐까요? 구독형 매출이 오를수록 원가율도 내려간다고 생각한다면 논리에 맞잖아요.

정답이에요! 1번 그래프는 구독형 모델의 매출원가율이에요.

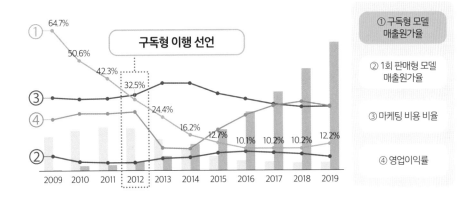

이행 선언 이후 불과 2년, 매출이 역전하여 크게 성장

디자인 관련 일을 하시는 분들이라면 누구나 익숙하시겠지만, 예전에 어도비는 기능을 업데이트할 때마다 CS5, CS6처럼 새로운 버전을 발매하고 1회 판매형 모델로 판매했습니다. 그러나 앞으로 지속적인 비즈니스를 위해서는 1회 판매형이 한계에 부딪혔습니다. 그 이유 중 하나로 매월 반복해서 얻을 수 있는 수익이 낮다는 점입니다. 또 한 가지는 기술 발전 속도가 빨라졌기 때문입니다. 기존에는 약 2년에 한 번씩 새로운 버전을 발매했지만, 기술 발전 속도가 빨라지면서 이러한 속도로는 더는 대응하지 못하게 되었습니다.

● 비즈니스 모델 변경의 배경 ⋯⋯⋯⋯⋯⋯⋯⋯⋯⋯⋯⋯⋯⋯⋯⋯⋯⋯⋯⋯⋯⋯⋯⋯⋯⋯

● 매월 얻는 수익이 낮은 1회 판매형 모델

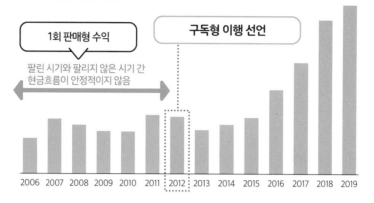

어도비 영업활동 현금흐름 추이(백만 달러)

1회 판매형 수익

구독형 이행 선언

팔린 시기와 팔리지 않은 시기 간
현금흐름이 안정적이지 않음

2006 2007 2008 2009 2010 2011 2012 2013 2014 2015 2016 2017 2018 2019

1회 판매형 모델의 경우 신제품이 판매된 시기에 매출이 쏠리므로 실적의 변동
이 심하고 예측도 어려웠다는 단점이 있습니다. 2012년보다 이전 시기의 현금흐름
표를 살펴보면 이러한 특징이 나타납니다. 이러한 경향이 매년 반복되면서 얻을 수
있는 수익이 낮다는 점이 과제 중 하나였는데, 이러한 경영과제를 수치에서 확인할
수 있습니다.

또한 당시 애플의 아이폰이나 아이패드 같은 스마트 디바이스의 보급이 급속하
게 이루어지면서 기술 발전 속도가 점점 빨라지기도 했습니다. 새로운 장치가 자주
등장하다 보니 기존과 같은 1회 판매형으로는 도저히 대응할 수 없었습니다. 이러
한 점이 어도비가 구독형으로 이행한 배경입니다.

이행한 결과는?

이행 이후에는 어떠한 장점이 있었는지 살펴보면 장점은 크게 세 가지입니다. 우선
첫 번째로는 현금흐름이 안정되었다는 점(실적 안정), 두 번째는 멀티 디바이스 대응
이 가능해진 점(고객만족도 향상), 세 번째로는 신규 사용자를 획득했다는 점(매출 증가)
입니다.

● **구독형 모델로 이행한 이후 장점**

현금흐름 안정

매 시기
안정된 현금흐름 획득

멀티 디바이스 대응

출시 이후에도
업데이트 가능

신규 사용자 획득

새로운 층의
사용자 획득

① 현금흐름이 안정되다

어도비는 원래 실적 변화가 컸지만 구독형으로 이행하고 나서 지속 과금이라는 비즈니스 모델을 채택하며 현금흐름이 안정되었습니다.

1회 판매형의 경우 팔린 시기에는 매출이 잡히지만 다음 해에는 다시 0부터 시작해야 합니다. 반면 구독형은 회원 수를 어느 정도 확보하면 다음 시기의 시작 지점도 어느 정도 예측할 수 있습니다. 수익 또한 안정적입니다. 예를 들어 정기 수입 비율이 70%를 차지하는 경우, 다음 시기 수익목표 절반 이상이 이미 예정되었다고 할 수 있습니다. 그런 만큼 상당히 강력한 장점을 얻을 수 있습니다.

● **매 시기 현금흐름이 안정적**

어도비 영업활동 현금흐름 추이(백만 달러)

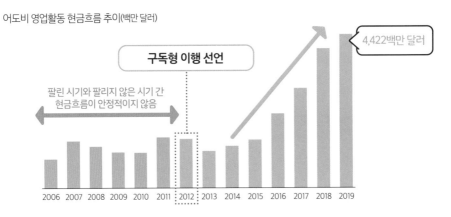

구독형 이행 선언

4,422백만 달러

팔린 시기와 팔리지 않은 시기 간
현금흐름이 안정적이지 않음

2006 2007 2008 2009 2010 2011 2012 2013 2014 2015 2016 2017 2018 2019

● **1회 판매형 모델과 구독형 모델 차이**

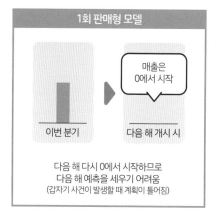

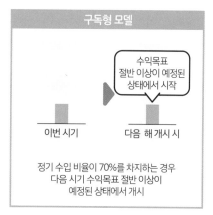

② 기술 발전 속도에 대응할 수 있다

2012년 전후 애플을 필두로 새로운 디바이스가 자주 등장하는 현상이 반복되면서 1회 판매형 모델로는 이러한 속도를 따라잡을 수 없게 되었습니다. 그전까지 어도비는 프로 창작자들을 중심으로 PC에서 일하기 위한 수요가 대부분이었습니다. 하지만 구독형 모델로 이행하면 스마트폰 앱이나 태블릿 기기에서 이용하는 식으로 폭넓은 수요에 대응할 수 있게 되었습니다.

● **기술 발전 속도의 가속**

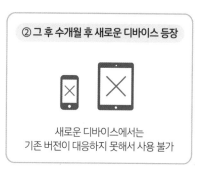

● **멀티 디바이스 대응이 가능한 구독형 모델** ·····························

PC 이외의 장치에서도
사용할 수 있는 기술의 진화에 대응

구독형이란 바꿔 말하면 클라우드 상에서 소프트웨어를 제공하는 월정액 과금 서비스로, 이른바 SaaS(Software-as-a-Service, 서비스로서의 소프트웨어) 모델입니다. 새로운 디바이스로 전환해도 사용자는 항상 새로운 버전을 이용할 수 있다는 점이 강력한 장점입니다. 이는 그대로 고객만족도 향상으로 이어집니다.

③ 신규 사용자 획득에 따른 매출증가

앞서 언급한 멀티 디바이스 대응 덕분에 PC 이외에서도 이용할 수 있게 되었습니다. 스마트폰으로 찍은 사진을 편집한다거나, 태블릿 기기로 만화를 그리는 식으로 아마추어에서 준프로의 수요까지 커버하는 데 성공하면서 그 결과 사용자 수를 크게

● **신규 사용자 획득** ······························

어도비 매출 추이(백만 달러)

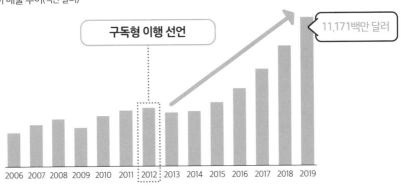

구독형 이행 선언

11,171백만 달러

2006 2007 2008 2009 2010 2011 2012 2013 2014 2015 2016 2017 2018 2019

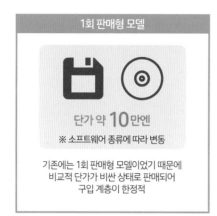

늘렸습니다.

기존에는 소프트웨어가 고가였기 때문에 애초에 구입할 수 있는 사용자층이 한정되어 있었습니다. 하지만 구독형으로 이행하면서 수십만 원의 소프트웨어를 선뜻 사기는 어렵지만, 월정액 1천엔 정도면 도전해보겠다는 라이트 사용자층을 공략할 수 있었습니다.

 그리고 보니 제 주변에서도 스마트폰 버전 포토샵을 자주 써요.

구독형 이행에 따른 재무수치 움직임을 쫓아보기

어도비는 구독형 이행 전후 매출내역에서도 알 수 있듯 매출구조 전환에 완벽하게 성공했습니다. 2012년에는 1회 판매형 매출이 전체 중 76%를 차지했지만, 불과 7년 만에 구독형 비율이 89%로 역전되었습니다.

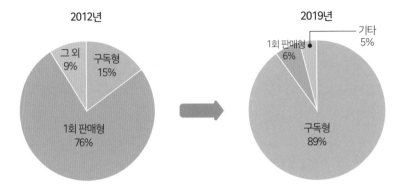

1회 판매형과 구독형의 원가율 추이

이렇게 어도비의 두 가지 모델에 대해 각각 매출원가율을 비교해보았습니다. 〈어도비 상품 매출원가율 추이〉 도표에서 각각 다른 움직임을 확인할 수 있을 겁니다.

먼저 1회 판매형의 매출과 원가율 추이를 살펴봅시다(〈1회 판매형 매출과 매출원가율 추이〉 참조). 원가율은 일정한데 매출은 갑자기 하락합니다. 매출이 하락하는데 어떻게 원가율은 일정할까요? 이는 상품을 판매한 시점에서 수익이 잡히므로 상품이 동일하다면 원가는 계속 일정합니다. 따라서 매출이 떨어져도 원가율은 일정하게 유지됩니다.

● 어도비 상품별 매출원가율 추이 ···

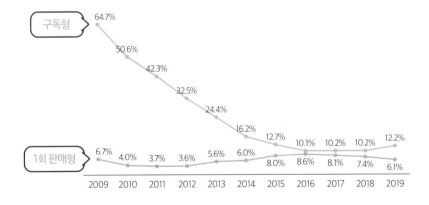

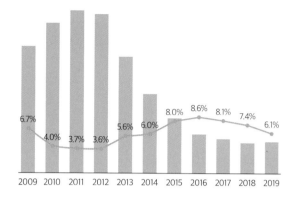

● 1회 판매형 매출과 매출원가율 추이

6.7% 4.0% 3.7% 3.6% 5.6% 6.0% 8.0% 8.6% 8.1% 7.4% 6.1%

2009 2010 2011 2012 2013 2014 2015 2016 2017 2018 2019

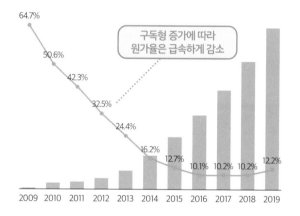

● 구독형 매출과 매출원가율 추이

64.7%
50.6%
42.3%
32.5%

구독형 증가에 따라
원가율은 급속하게 감소

24.4%
16.2%
12.7% 10.1% 10.2% 10.2% 12.2%

2009 2010 2011 2012 2013 2014 2015 2016 2017 2018 2019

이번에는 구독형 매출과 원가율 추이를 살펴봅시다(《구독형 매출과 매출원가율 추이》 참조). 원래 회원 수가 적었던 시기에는 1인당 고객 비용이 매우 비싸므로 원가율도 상승합니다. 그러나 회원 수가 많아짐에 따라 매출이 오르고 이에 따라 원가율도 급속하게 하락하는 움직임을 보입니다.

구독형으로 이행하기 위한 수많은 과제

이제는 비용 추이를 살펴봅시다. 예를 들어 매출과 마케팅 비용 비율 추이입니다 (《어도비 매출과 마케팅 비용 비율 추이》 참조). 구독형으로 전환한 시점에는 고객관리나 고객획득비용이 증가하여, 2013년에 일시적으로 마케팅 비용 비율이 증가했습니다. 하지만 사용자 수가 늘어나면서 마케팅 비용 비율이 급속하게 하락했습니다.

● **어도비 매출과 마케팅 비용 비율 추이**

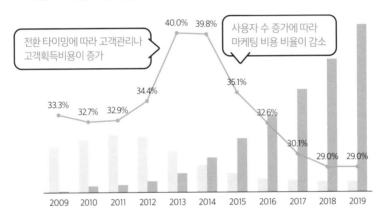

● **어도비 매출과 영업이익률 추이**

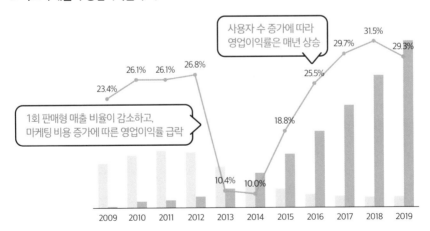

한편 영업이익률은 구독형으로 전환한 시점에는 일단 갑자기 하락하지만, 사용자 수가 증가함에 따라 점차 증가한다는 점을 알 수 있습니다(〈어도비 매출과 영업이익률 추이〉 참조).

물고기 모델의 성공 기업

이렇게 영업이익률과 마케팅 비용 추이는 서로 반비례로 이동하며 물고기 형태를 나타냅니다. 이러한 물고기 모델(물고기 그래프)을 실제로 처음 성공시킨 사례가 어도비입니다. SaaS 비즈니스 모델과 정기 구독형 과금은 매우 잘 어울리므로, 시장 변화에 따른 어도비의 경영판단과 여러 가지 시도는 그야말로 탁월했습니다. 역사에 남을 사례 중 하나입니다.

● **물고기 모델** ┈┈┈

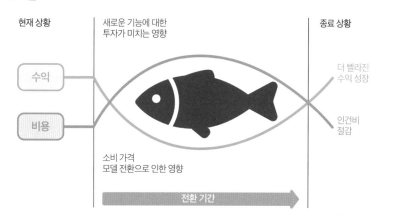

● **이번 장에서 다룬 정보 출처** ┈┈┈┈┈┈┈┈┈┈┈┈┈┈┈┈┈┈┈┈┈┈┈┈┈┈┈┈┈┈┈┈┈┈┈┈

① Form 10-K 　　　　　　　　② 기업 홈페이지
③ 참고문헌
• 『구독과 좋아요의 경제학』

6

[요식업]
미시적 관점으로 성공 기업 파악하기 1

숫자를 분해해서 알기 쉬운 수치로 변환하자

상장기업 재무제표를 확인할 때 숫자의 규모가 너무 커서 윤곽을 파악하기 어려울 때가 있을 겁니다. 이번에는 이러한 상황에 빠졌을 때 이해하기 쉬운 숫자로 바꿔서 분석의 질을 높이는 방법을 살펴봅시다.

숫자를 자기가 파악하기 쉬운 방식으로 가까이하기

이탈리안 도리아로 유명한 일본의 식당 프랜차이즈 사이제리야(サイゼリヤ)의 예를 생각해봅시다. 이 회사는 2021년 8월 결산에서 국내사업의 매출 861억엔을 기록했습니다. 재무제표를 공시하는 기업은 수백억, 수천억의 숫자를 다루므로 규모가 너무 커서 좀처럼 파악하기 쉽지 않다는 측면이 있습니다. 그러나 이것도 결국 작은 숫자들이 모인 수치입니다. 파악하기 쉬운 숫자로 바꿔서 재무제표를 분해하면 더욱 자세하게 분석해볼 수 있습니다.

 상장기업의 결산 수치는 너무 커서 좀처럼 파악하기 힘들어요.

 확실히 그래요. 1억엔이라고 해도 금액이 커서 어느 정도인지 좀처럼 가늠이 안되네요.

 그렇군요. 그럴 때는 스스로 생각해볼 수 있는 숫자로 변환하기를 추천해요.

 그런 것도 가능한가요?

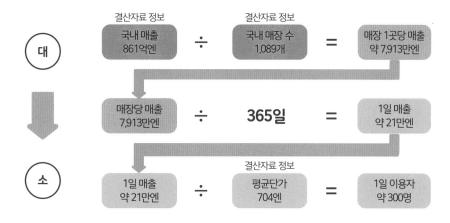

 예를 들어 일본의 사이제리야의 매장 한 곳당 하루 이용자 수는 몇 명이라고 생각하시나요? 어떤 수치를 파악하면 스스로 궁금했던 답을 찾아낼 수 있을지 생각해봅시다.

먼저 사이제리야의 매출을 분석해볼까요. 결산자료에 따르면 일본에서 2020년 국내 매출은 861억엔인데, 쉽게 상상하기 어려운 금액입니다. 하지만 이를 일본 국내 매장 수인 1,089개로 나누면 매장당 매출액을 구할 수 있습니다.

매장 한 곳마다 연간 약 7,913만엔의 매출을 창출하는데, 매장당 매출을 다시 365일로 나누면 매장 한 곳당 1일 매출로 환산할 수 있습니다. 매장 한 곳당 1일 매출이 약 21만엔이라는 수치를 얻은 결과, 이해하기 쉬운 규모의 금액으로 세분화했습니다.

이렇게 일매출 약 21만엔이라는 수치를 재무제표에 공시된 '객단가 704엔'으로 나누면 매장 한 곳당 1일 이용자 수가 약 300명 정도라는 사실을 알 수 있습니다. 이렇게 스스로 참고할 만한 수치, 혹은 경영에 유용한 정보로 분해해보기를 추천합니다.

그리고 계산으로 얻은 1일 약 300명이라는 기준을 각 매장에 적용한 결과, 연간

● **사이제리야 일본 국내 매출 확인하기** ⋯⋯⋯⋯⋯⋯⋯⋯⋯⋯⋯⋯⋯⋯⋯⋯⋯⋯

2021년 8월기 유가증권보고서

d. 매출실적

당 회계연도의 판매실적을 부문별로 살펴보면 다음과 같습니다.

사업부문	당기 연결회계연도 (2020년 9월 1일 2021년 8월 31일까지)	전년 동기 대비(%)
일본(백만엔)	86,181	90.4
호주(백만엔)	122	81.5
아시아(백만엔)	40,210	128.0
합계(백만엔)	126,513	99.7

(주) 1. 부문간 거래는 상계 처리했습니다.
　　 2. 상기 금액에는 소비세 등은 포함되어 있지 않습니다.

● **사이제리야 일본 국내 매장 수 확인하기** ⋯⋯⋯⋯⋯⋯⋯⋯⋯⋯⋯⋯⋯⋯⋯⋯

2021년 8월기 유가증권보고서

---

3 [사업내용]

(1) 이번 조달자금의 사용처

당사 그룹은 당사(주식회사 사이제리야) 및 8개 자회사로 구성되어 있으며, 외식사업을 주력 사업으로 하고 있습니다. 당사 그룹의 사업내용 및 당사와 관계회사의 해당 사업에 대한 위치 등은 다음과 같습니다.

또한 다음 3개 분야는 '제5 경영상황 1 연결재무제표 등 (1) 연결재무제표 주석'에 기재된 사업부문 구분과 동일합니다.

(일본)

당사는 '매일매일 가치 있는 식사 제안과 도전'을 메뉴 제안의 테마로 삼고, 이탈리아 와인&카페 레스토랑 '사이제리야'를 전국 1,089개 매장에서 운영하고 있으며, '스파게티 마리아노' 등 패스트푸드점 9개 매장을 운영하고 있습니다. 국내 5개 공장에서는 매장에서 사용하는 식재료의 제조 및 물류 업무를 수행하고 있습니다.

861억엔이라는 매출이 나옵니다. 이를 직접 음식점을 경영한다고 가정할 때 '1일 이용객을 약 300명 정도 끌어올 수 있는 가게를 만든다'는 식으로 일종의 기준으로도 활용할 수 있습니다. 참고로 이러한 내용은 유가증권보고서의 [사업의 내용] 등에서 발췌했습니다.

여기까지는 극히 일부분입니다. 다음에는 이러한 사고방식을 기반으로 경쟁사 두 곳을 비교하고, 기업의 특징이나 시장에서의 경쟁력을 확인하는 분석에 도전해봅시다.

● **이번 장에서 다룬 정보 출처** ....

① 유가증권보고서
• 제1 [기업의 개요]
• 제2 [사업 현황]
• 제5 [회계 현황]

② 결산설명회 자료

7

[요식업]
미시적 관점으로 성공 기업 파악하기 2

음식점 비즈니스 모델: 음식점 적자 기준은 몇 명일까?

앞서 시도한 분석을 토대로 식당 비즈니스를 운영하는 경쟁사의 수치를 분해하고 비교하면서 분석하는 문제에 도전해봅시다.

이번에 다루는 회사는 중화요리 프랜차이즈 '히다카야'를 운영하는 하이데이히다카와 '만두의 오쇼(이하 오쇼)'를 운영하는 오쇼푸드서비스입니다. 이번에는 두 회사의 경영방침이 어떻게 다른지에 대해 살펴보겠습니다.

두 회사는 모두 일본식 중화요리가 중심인 회사로, 코로나 이전인 2020년 결산까지는 요식업계 중에서도 영업이익률이 매우 높았습니다. 그러나 코로나 시기에 한 회사는 적자로 전락했지만 나머지 한 회사는 흑자를 유지했습니다. 이번에는 흑자를 유지한 기업은 어느 쪽인지 생각해봅시다.

 코로나 시기에도 흑자인 회사는 어느 쪽일까?

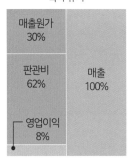

흑자 유지

매출원가 30%

판관비 62%

매출 100%

영업이익 8%

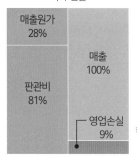

적자 전환

매출원가 28%

매출 100%

판관비 81%

영업손실 9%

① 오쇼푸드서비스

② 하이데이히다카

※ 오쇼푸드서비스는 2021년 3월기, 하이데이히다카는 2021년 2월기 유가증권보고서를 바탕으로 작성

이번 장에서 다룰 기업

● **하이데이히다카**(ハイデイ日高)
일본 도쿄 인근을 중심으로 중화요리 '히다카야'를 운영하며, 주요 메뉴는 중화소바 등이다.

● **오쇼푸드서비스**(王将フードサービス)
일본 전국에서 '만두의 오쇼'를 운영하며, 주요 메뉴는 만두 등

● **매출과 영업이익률 추이**

하이데이히다카 (단위: 억엔)

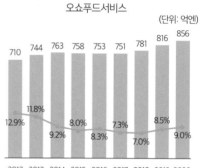

오쇼푸드서비스 (단위: 억엔)

같은 비즈니스인데, 왜 흑자와 적자로 나뉠까?

 두 회사는 코로나 전(2020년 3월기)까지는 높은 수익을 유지했지만, 코로나 이후 재무제표에서 확연히 차이가 났어요. 그럼 둘 중 흑자를 유지한 쪽은 어느 쪽인지가 문제입니다.

 두 회사 모두 자주 이용하는데, 매장 분위기나 고객층을 생각해봐도 큰 차이는 떠오르지 않아요.

 주어진 정보만으로 추측해보면 두 회사는 판관비 규모가 다르네요. 판관비가 높은 쪽은 적자, 판관비가 낮은 쪽은 흑자 같아요.

 판관비는 인건비나 매장 임대료인가요?

 네. 판관비를 조금 더 적게 쓰는 사업은 어느 쪽일지 생각해보면 빠를 것 같아요. 예를 들어 테이크아웃 중심이라거나.

오쇼는 메인 상품이 만두라서 테이크아웃 비중이 높아요. 히다카야도 팔기는 하지만요.

 오쇼는 배달도 하지 않나요? '오쇼'라고 써진 오토바이를 거리에서 봤어요.

 그러고 보니 히다카야는 매장 밖에서 가게 이름을 본 적이 없어요. 매장에 의존하는 방식이라면 분명 판관비를 통제하기 힘들지 않을까요. 그러면 흑자를 유지한 건 오쇼일까요?

 정답이에요! 흑자는 1번 오쇼푸드서비스였습니다.

코로나 전 비즈니스 모델을 알아보기

① 하이데이히다카 수익 구조

하이데이히다카가 적자가 된 배경을 살펴보기 전에, 코로나 이전에는 두 회사가 어떻게 높은 수익을 유지했는지 설명하겠습니다.

요식업의 평균 영업이익률은 2~3%라는 이야기에도 불구하고, 두 회사는 코로나 시기 이전 결산에서는 안정적으로 10% 전후 영업이익률을 나타내고 있었습니다. 그럼 두 회사가 코로나 전에는 어떻게 높은 수익을 올렸는지 생각해봅시다. 앞서 사이제리야의 사례를 떠올려보면서 객단가나 고객 수 등 매출을 구성하는 여러 가지

● 하이데이히다카 매출과 영업이익률 추이 ···

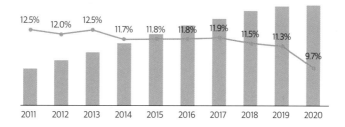

	12.5%	12.0%	12.5%	11.7%	11.8%	11.8%	11.9%	11.5%	11.3%	9.7%
	2011	2012	2013	2014	2015	2016	2017	2018	2019	2020

● 매출을 구성하는 각종 지표 비교 ···

	오쇼푸드서비스	하이데이히다카
① 매출(직영만)	789억엔	422억엔
② 객단가	952엔	730엔
③ 고객 수	82,576천명	57,808천명
④ 매장 수	523개	443개
⑤ 매장당 고객 수(③÷④)	157천명	130천명
⑥ 매장당 매출(①÷④)	1.5억엔	1.0억엔

요소 등을 분해하면서 살펴봅시다.

먼저 하이데이히다카의 수익률은 어떻게 이렇게 높았을까요? 기본적인 경영지표 수치를 비교해봅시다(〈매출을 구성하는 각종 지표 비교〉 참조). 단순히 매출을 비교하면 오쇼푸드서비스의 매출이 조금 더 크다는 사실을 알 수 있습니다. 하지만 그것만으로는 충분한 분석이라 할 수 없습니다. 자세하게 들여다보면 객단가, 고객 수, 매장 수, 매장당 고객 수, 매장 한 곳당 매출 등 기본적인 매출을 구성하는 모든 지표에서 오쇼푸드서비스가 하이데이히다카보다 수치가 높다는 점을 알 수 있습니다.

따라서 하이데이히다카는 높은 수익률에도 불구하고, 단순히 손님이 많다거나 객단가가 높다고는 할 수 없습니다. 즉 매출에서 눈에 띄게 뛰어난 지표를 찾아볼 수 없다는 특징이 나타납니다(참고로 이는 유사 업종 경쟁사와 비교했을 때의 분석입니다). 그렇다면 객단가, 고객 수, 매장 수 모두 오쇼보다 적은데도 불구하고 왜 히다카야의

● 하이데이히다카의 비즈니스 모델

① 제조
중앙 키친으로
균일한 상품 제공과
매장 효율 향상

② 물류
지역을 좁힌 출점방식으로
배송 비용을 삭감

③ 판매
광고나 홍보를 하지 않아도
유동인구가 많은
역 근처 출점

● 코로나 이전 하이데이히다카 판관비 내역

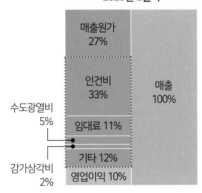

2020년 2월기

매출원가 27%	매출 100%
인건비 33%	
수도광열비 5%	
임대료 11%	
감가상각비 2%	
기타 12%	
영업이익 10%	

(손익계산서 관련)

※1 판매비에 속하는 비용의 대략적인 비율은 전기 90%, 당기 90%, 일반관리비에 속하는 비용의 대략적인 비율은 전기 10%, 당기 10%입니다. 주요 비용 항목 및 금액은 다음과 같습니다.

	전기 (2018년 3월 1일부터 2019년 2월 28일까지)	당기 (2019년 3월 1일부터 2020년 2월 29일까지)
임원보수	156,131 천엔	154,361 천엔
급여수당	13,078,180	13,399,360
상여금충당금 적립액	380,440	405,254
퇴직급여비용	121,937	119,536
임차료	4,363,427	4,504,494
수도광열비	2,176,282	2,177,950
감가상각비	1,076,579	1,042,810

수익률이 높을까요? 자세히 살펴봅시다.

코로나 이전 하이데이히다카의 이익률이 높았던 이유는 사실 비즈니스 모델 때문입니다. 이 강력한 비즈니스 모델은 제조, 물류, 판매를 한꺼번에 관리하는 공급망을 구축해 비용을 일정 금액까지 통제합니다.

이 기업의 비즈니스 모델을 보면 우선 중앙 공장에서 상품을 만들고, 조리한 상품을 운반하는 독자적인 물류망을 구축했습니다. 거기에 출점 지역을 좁혀서 배송 비용 절감을 실현했습니다. 이런 물류망 덕분에 히다카야는 기본적으로 도쿄 인근의 수도권 지역에만 매장을 냈습니다. 또한 유동인구가 많은 역 앞을 중심으로 매장을 내서 광고비가 그다지 들지 않는 것도 장점입니다. 이렇게 지속적으로 비용을 통제하는 비즈니스 모델을 만든 덕분에 높은 이익률을 유지했습니다.

코로나 이전 하이데이히다카의 손익계산서 중 판관비 내역을 살펴봅시다(〈코로나 이전 하이데이히다카 판관비 내역〉 참조). 역시 매장 운영 비용이 대부분을 차지하며, 물류비나 광고선전비는 거의 들지 않는다는 점을 알 수 있습니다.

이어서 매장당 월별 고정비를 분해해봅시다(〈코로나 이전 하이데이히다카 월간 고정비〉 참조). 먼저 매장 운영에 있어서 주요 판관비를 고정비라고 가정하고, 매장당 월별 고정비를 계산하겠습니다. 판관비는 연간 265억엔을 지출하는데, 이를 12개월로 나누면 월별 판관비는 22억엔입니다. 그리고 이를 총 매장 수인 443으로 나누면, 매장 1곳당 월간 고정비는 500만엔이라는 사실을 알 수 있습니다.

지금까지 살펴본 바와 같이 객단가는 730엔이며, 원가율이 27%라는 점을 고려하면, 고객 1명으로부터 대략 533엔의 순이익을 창출할 수 있다는 사실을 알 수 있습니다(〈고정비와 이익에서 하이데이히다카 1일 손익분기점 확인〉 참조). 여기에 매장당 월간 정액 비용인 500만엔을 회수할 수 있는 손익분기점의 고객 수를 계산해보면, 월간 9,380명의 고객을 유치하면 손익분기점을 넘어설 수 있습니다.

 월간 고객 수가 9,380명을 넘어서면 흑자가 되겠네요.

● 코로나 이전 하이데이히다카 월간 고정비 ···

2 [손익계산서]　　　　　　　　　　　　　(단위:천엔)

	당기 사업연도 (2019년 3월 1일부터 2020년 2월 29일까지)
매출	42,209,743
매출원가	
기말 매장식자재 재고자산	178,124
당기 매장 식자재 제조원가	3,606,493
당기 매장 식자재 매입액	7,988,247
합계	11,772,864
기말 매장 식자재 재고자산	202,868
매출원가 합계	11,569,996
매출총이익	30,639,747
판매비 및 일반관리비　　※1, ※2	26,543,278
영업이익	4,096,469

① 판관비(연간)	265억엔
② 판관비(월간)	22억엔
③ 매장(직영점)	443개
④ 매장당 월간 판관비 　(②÷③)	500만엔

● 고정비와 이익에서 하이데이히다카 1일 손익분기점 확인 ···········

① 객단가	730엔
② 원가율	27%
③ 이익(①×{1 - ②})	533엔
④ 매장 한 곳당 월간 고정비	500만엔
⑤ 손익분기점 월간 고객 수(④÷③)	9,380명
⑥ 손익분기점 1일 고객 수(⑤÷30일)	313명

> 313명을 밑돌면 각 매장은 적자가 된다

　9,380명이라는 숫자를 30(=30일)으로 나누면 하루에 몇 명의 손님을 유치해야 흑자를 유지할 수 있는지 알 수 있습니다. 계산 결과 히다카야는 하루 방문자 수가 313명 이하로 떨어지면 매장마다 적자를 기록합니다.

② 오쇼푸드서비스 수익 구조

이제 오쇼와 비교해봅시다. 오쇼는 연간 524억엔의 판관비를 지출하며, 매장 한 곳당 월간 판관비는 약 841만엔입니다((고정비와 이익에서 오쇼푸드서비스 1일 손익분기점 확인〉 참조). 오쇼는 403명을 밑돌면 매장에서 적자가 난다는 사실을 알 수 있습니다. 즉 히다카야가 손익분기점에 도달하는 고객 수가 낮습니다. 결론적으로 고정비가 적으면서 손익분기점이 낮으므로 히다카야는 매장 효율이 좋습니다.

오쇼는 수익을 만들어내는 능력을 갖추었지만, 히다카야는 비용을 낮춰서 높은

● **코로나 이전 오쇼푸드서비스 월간 고정비** ⋯⋯⋯⋯⋯⋯⋯⋯⋯⋯⋯⋯⋯⋯⋯⋯⋯⋯⋯⋯⋯⋯

[연결 손익계산서]

(단위:백만엔)

	당기 연결회계연도 (2019년 4월 1일부터 2020년 3월 31일까지)
매출액	85,571
매출원가	25,423
매출총이익	60,148
판매비 및 일반관리비	
포장 및 운반비	2,099
광고선전비	1,183
판매촉진비	3,793
대손충당금 적립액	—
임원보수	358
주식보상비용	128
급여수당 및 상여금	11,779
기타급여	13,301
기타급여	943
퇴직급여비용	150
복리후생비	4,374
조세공과금	336
감가상각비	1,812
임차료	4,383
수도광열비	3,777
수선비	1,109
기타	2,915
판매비 및 일반관리비 합계	52,449
영업이익	7,698

① 판관비(연간)	524억엔
② 판관비(월간)	44억엔
③ 매장(직영점)	523개
④ 매장당 월간 판관비 (②÷③)	841만엔

● **고정비와 이익에서 오쇼푸드서비스 1일 손익분기점 확인** ⋯⋯⋯⋯⋯⋯⋯⋯⋯⋯⋯⋯⋯⋯

① 객단가	952엔
② 원가율	27%
③ 이익(①×{1−②})	695엔
④ 매장 한 곳당 월간 고정비	841만엔
⑤ 손익분기점 월간 고객 수(④÷③)	12,100명
⑥ 손익분기점 1일당 고객 수(⑤÷30일)	403명

403명을 밑돌면 각 매장은 적자가 된다

이익률을 실현한다는 점을 알 수 있습니다. 즉 고객 수나 객단가만으로는 히다카야의 강점을 알 수 없습니다. 이처럼 히다카야는 매우 강력한 비즈니스 모델을 구축했기에 높은 이익률을 올릴 수 있었습니다. 손익분기점이 낮은 덕분에 고객만 끌어모은다면 높은 수익을 유지할 수 있었습니다.

왜 비즈니스 모델이 망가졌는가?

이는 코로나 여파로 두 회사간에 차이가 생겼기 때문입니다. 집에서 나가지 않는 생활 방식이나 재택근무로 인한 영향으로, 많은 유동인구 덕분에 고객들을 자연스럽게 끌어모았던 역 근처 입지조건은 더는 기능을 발휘하지 못하게 되었습니다. 비즈니스 모델이 작동하는 전제조건이 환경 변화로 바뀐 것입니다.

● **낮은 손익분기점으로 높은 수익을 실현했던 하이데이히다카**

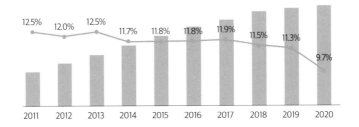

● **손익분기점 비교**

오쇼푸드서비스	
① 객단가	952엔
② 원가율	27%
③ 이익(①×{1-②})	695엔
④ 매장 한 곳당 월간 고정비	841만엔
⑤ 손익분기점 월간 고객 수(④÷③)	12,100명
⑥ 손익분기점 1일당 고객 수(⑤÷30일)	403명

하이데이히다카	
① 객단가	730엔
② 원가율	27%
③ 이익(①×{1-②})	533엔
④ 매장 한 곳당 월간 고정비	500만엔
⑤ 손익분기점 월간 고객 수(④÷③)	9,380명
⑥ 손익분기점 1일당 고객 수(⑤÷30일)	313명

● 코로나 때문에 역 앞 매장의 장점이 기능을 다하지 못함

① 제조

중앙 키친으로
균일한 상품 제공과
매장 효율 향상

② 물류

지역을 좁힌
출점방식으로 배송
비용을 삭감

③ 판매

역 앞에서 고객을 모으는
역량(모객력)이
코로나 영향으로 저하

광고하지 않아도 사람을 모을 수 있었던 역 근처 매장은, 더 이상 사람들이 밖에 돌아다니지 않게 되면서 기능을 잃어버렸습니다. 하이데이히다카의 제조·물류·판매를 아우르는 공급망 중에서 판매 부분이 멈추면서, 그 결과 히다카야는 기대만큼 고객을 얻지 못하고 단숨에 적자에 빠진 상황입니다(《하이데이히다카 매출과 영업이익률 추이》 참조).

그럼 오쇼푸드서비스는 어떻게 흑자를 유지했을까요? 오쇼푸드서비스의 비즈니스 모델은 코로나 여파에서도 유리하게 작용했다는 점이 가장 큰 이유입니다. 오쇼푸드서비스의 매출과 영업이익률 추이를 살펴보면 코로나 여파에서도 꾸준히 이익을 내고 있습니다(《오쇼푸드서비스 매출과 영업이익률 추이》 참조). 오쇼는 매장 내부뿐만 아니라 매장 밖에서도 얼마나 매출을 내는지를 생각해 경영한다는 점이 특징입니다.

반면 히다카야는 입지를 살려서 고객을 모으는 것이 가장 중요하므로, 매장에 얼마나 사람을 모으고 매장 내의 회전율을 높이는지가 중요합니다. 애초에 오쇼와 히다카야는 비즈니스 모델이 다릅니다.

사실 오쇼는 코로나 여파 이전부터 이미 테이크아웃이나 배달 비율을 높여 왔습니다. 매장 밖에서도 얼마나 매출을 낼 수 있을지 고민했기 때문에, 코로나 여파에서도 실적을 쌓고 테이크아웃이나 배달 비율을 열심히 늘렸습니다. 매장 안에서 식사하는 비율이 내려가도 매장 밖으로 판매되는 비율이 올라갔기 때문에 매출이 그렇게까지 떨어지지는 않았습니다(《오쇼의 코로나 전후 매장 안팎 식사 비율》 참조).

● **하이데이히다카 매출과 영업이익률 추이**

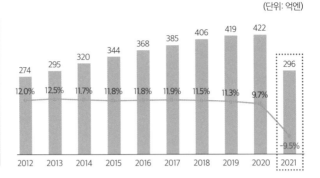

2021년 2월기

(단위: 억엔)

매출원가 28%
매출 100%
판관비 81%
영업손실 9%

2012	2013	2014	2015	2016	2017	2018	2019	2020	2021
274	295	320	344	368	385	406	419	422	296
12.0%	12.5%	11.7%	11.8%	11.8%	11.9%	11.5%	11.3%	9.7%	-9.5%

● **오쇼푸드서비스 매출과 영업이익률 추이**

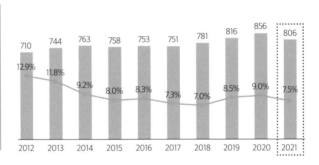

2021년 3월기

(단위: 억엔)

매출원가 30%
판관비 62%
매출 100%
영업손실 8%

2012	2013	2014	2015	2016	2017	2018	2019	2020	2021
710	744	763	758	753	751	781	816	856	806
12.9%	11.8%	9.2%	8.0%	8.3%	7.3%	7.0%	8.5%	9.0%	7.5%

● **음식점 프랜차이즈들의 돈 버는 법은 각각 다르다**

오쇼

매장 내 → 매장 밖

매장 내 회전율과 더불어
매장 밖에서 얼마나 팔리는가도
중요한 점

히다카야

매장 안

입지를 살려서 사람들을
모으는 것부터 시작. 매장에
얼마나 사람을 불러모으는지가 중요

● **오쇼의 코로나 전후 매장 안팎 식사 비율** ···

제46기 매장 안과 밖의 전 매장 매출

		매출(백만엔)		고객 수(천명)	객단가(엔)
			구성비		
코로나 전	매장 내 취식	63,630	80.9%	70,607	901
	테이크아웃 및 배달	14,995	19.1%	11,968	1,253
	합계	78,625	100.0%	82,576	952

1 매장 내 취식 고객이 테이크아웃을 추가 주문한 경우 매출은 매장 내 취식으로 계산했습니다.
2 POS 입력 실수 등으로 인한 매출 수정은 매장 내 취식으로 포함했습니다.

제 47기 매장 안과 밖의 전 매장 매출

		매출(백만엔)		고객 수(천명)	객단가(엔)
			구성비		
코로나 후	매장 내 취식	48,971	66.6%	53,052	923
	테이크아웃 및 배달	24,608	33.4%	17,575	1,400
	합계	73,580	100.0%	70,628	1,042

오쇼의 재무제표를 통해 배달이 객단가가 높다는 사실을 확인할 수 있습니다. 이는 배달 요금만큼 단가가 추가되었기 때문입니다. 또한 배달은 가족 전체가 먹을 만큼 주문하거나, 집에서 이것저것 편하게 먹고 싶은 마음에 전체 가짓수가 늘어나기도 합니다. 또한 술을 마시는 도중에 주문하다 보면 자칫 추가 주문을 하기 쉽습니다. 거기에 배달은 먹는 도중에 쉽게 추가 주문을 하기 어렵다 보니, 처음부터 많은 양을 주문하는 경향도 있습니다.

즉 고객 수가 감소해도 객단가가 높은 배달 비율이 올라가면서 매출이 그렇게까지 떨어지지는 않은 것입니다. 이는 오쇼푸드서비스가 코로나 여파에서도 높은 영업이익률을 유지한 배경입니다.

결론

오쇼가 코로나 전부터 배달에 특화한 서비스를 구축했던 점이 예상하지 못했던 울타리 역할을 해주었습니다. 간판 상품이 만두다 보니 식어도 먹을 수 있어서 배달해서 먹기 좋은 것도 강점입니다.

반면 히다카야는 매우 저렴한 중국식 면 요리가 주력 상품입니다. 면류로 사람들을 끌어모은 다음 술이나 다른 사이드메뉴로 객단가를 올리는 모델이므로, 간판 상품이 배달에는 적합하지 않다고 할 수 있습니다. 아무래도 면이 퍼지기도 하고, 배달 요금이 추가되면 저렴한 메뉴라는 강점이 반영되지 않는다는 사실도 숨은 요인으로 작용합니다.

이렇게 재무제표로는 알 수 없어도, 비즈니스 모델로 숫자를 분해해서 살펴보면 같은 업종이지만 코로나 여파에서 차이가 발생한 이유까지 알 수 있습니다.

● **이번 장에서 다룬 정보 출처** ┄┄┄┄┄┄┄┄┄┄┄┄┄┄┄┄┄┄┄┄┄┄┄┄┄┄┄┄┄┄┄┄┄

① 유가증권보고서
- 제1 [기업의 개요]
- 제2 [사업 현황]
- 제5 [회계 현황]

② 결산설명회 자료
③ 세어드 리서치

memo

Column 3

창업가는 재무제표를
어떻게 읽을까?

(게스트: 버핏코드)

창업가나 신규 사업 담당자(이하 창업가라 표시)는 재무제표를 어떻게 활용하면 좋을까요? 이 질문에 대해서 무료로 사용할 수 있는 기업분석 도구를 운영하는 버핏코드(이하 버핏) 씨에게 이야기를 들어보았습니다.

버핏 네, 먼저 말씀드리고 싶은 부분은 창업자가 재무제표를 보는 법은 다른 사람들이 보는 법과는 크게 다르다는 점입니다.

네? 그래요?

버핏 네. 창업가가 아닌 사람들은 기존 업계나 사업을 이해할 때 재무제표를 많이 참고합니다. 그러나 창업가는 아무도 보지 않았던 시장이나, 혹은 모두 가망이 없다고 체념한 분야에서도 한 줄기 빛을 찾아내 새로운 시장을 만듭니다. 즉 기존에 이미 시장이 있는 업계를 아무리 들여다봐도 원하는 답에 이르기 어려울 가능성이 있다는 뜻입니다.

그렇군요! 듣고 보니 그러네요.

버핏 이 책에서는 재무제표라는 커다란 틀에서 매장별, 상품별, 고객별로 더욱 체감하기 쉬운 작은 단위로 분해하면서 사업을 깊게 이해할 수 있도록 합니다. 이는 무척 중요한 능력인데요, 창업가에게는 그다음이 중요합니다.

그러고 보니 이 책의 사이제리야나 히다카야의 사례에서는 재무제표에서 단위가 큰 수치를 알기 쉬운 수치로 변환하는 방법을 설명했습니다. 창업가에게 중요한 그다음 단계란 뭘까요?

버핏 완전히 정반대지만 매장별, 상품별, 고객별처럼 눈에 보이는 고객의 과제 같은 수요를 합산해서 전체 매출을 추정하거나 자산 상황을 상상하는 능력입니다. 창업가에게는 이러한 역발상이 중요합니다.

 그렇군요! 눈앞의 작은 숫자를 합치는 접근방식이군요.

버핏 이미 존재하는 시장에서는 시장 규모가 얼마고, 그중 몇 %의 시장점유율을 차지하면 얼마 정도 매출이 나는지 누구나 계산할 수 있습니다. 그러나 신규 시장에서는 아무도 시장 규모를 예측할 수 없지요. 하지만 창업가는 시장 규모가 얼마가 될지는 몰라도, 눈앞에서 곤란한 상황을 겪고 있는 고객을 알고 있습니다. 즉 고객의 과제가 무엇이고, 곤란한 상황에 놓인 사람이나 잠재적으로 그러한 사람이 세상에 얼마나 있으며, 어느 정도로 가치를 제공하면 사줄 것인지 계산합니다. 이런 식으로 연간 매출, 3년 후, 5년 후에는 어느 정도의 사업 규모가 될지 계산할 수 있습니다. 이는 그 자체로 사업계획을 만드는 능력입니다.

사업계획이라 하면 이미 사업내용이 정해져 있고 어느 정도 시장 규모가 보일 때, 만드는 자료라고 생각하시는 분도 있을지 모릅니다. 그러나 이는 틀린 이야기입니다. 사업계획이라고 거창하게 이름 붙이지 않아도, 신규 사업을 제안할 때는 애초에 시장이 있는지, 계속해서 이익을 얻을 수 있는지, 최대한 어디까지 규모를 키울 수 있을지 초기에 시뮬레이션을 해볼 수 있습니다.

 이른바 실현가능성 조사라고 하는 거네요.

버핏 창업가는 항상 머릿속에서 이러한 계산기를 돌리고 있습니다. 신규 사업 제안과 가능성 테스트는 떼려야 뗄 수 없는 관계입니다.

독자 여러분은 지금까지 사업계획을 만들어보신 적이 있을지요. 사실 사업계획을 만드는 것은 꽤 어렵습니다. 또한 평소에 다른 사람이 만든 사업계획을 자주 읽는 사람조차 막상 자기 사업으로 사업계획을 만들려면 다른 사람의 자료를 읽는 것보다 10배는 어렵다고 느낄 겁니다.

 읽는 것과 만드는 것은 전혀 다른 지식이 필요하니까요.

버핏 사업계획을 만들 때 가장 어려운 점은, 일단 변수가 많다는 부분입니다. 단가는 얼마가 타당할지, 고객은 어느 정도 있을지, 해약률이 어느 정도일지, 이러한 비용은 무엇과 연동되어 늘어나면 타당할지, 아무리 생각해도 0부터 답은 나오지 않습니다. 그럴 때 도움이 되는 자료가 다른 회사의 재무제표입니다.

'재무 업무 툴이라면 단가는 이 정도일까?', '벤치마크 하고 있는 회사의 고객 수 증가율은 이 정도인가?' 등 참고할 수 있는 숫자를 얻을 수 있을 것입니다.

 그렇군요. 전부 0부터 생각할 필요 없이 비슷한 기업의 사업변수로 생각해보는 것도 알아봐야겠네요.

버핏 아마 창업가들이 듣는다면 모든 면이 똑같은 사업은 찾을 수 없다고 할지도 모릅니다. 하지만 다른 업종이라면 어떨까요. 도매를 예로 들어보면, 같은 도매로 사업을 하고 있을지 모릅니다. 혹은 전체 공급망에서 위쪽인 회사와 아래쪽인 회사라면 비슷한 숫자를 얻을 수 있을지도 모릅니다. 아니면 해외까지 눈을 돌려본다면 분명 유사한 기업을 찾을 수 있을지도요.

그렇군요!

버핏　이처럼 힌트가 될 만한 기업의 재무제표를 찾아서, 혹은 이를 바탕으로 계산해서 자신의 사업계획에 활용하는 것도 좋은 사업계획을 만드는 비결입니다. 기업가의 재무제표를 보는 법은 정반대라는 말을 기억해주세요. 이것만 기억해도 분명 어딘가에서 당신에게 도움이 될 겁니다. 즐거운 분석 생활하시길!

Extra

~~~~~~~~~

재무제표의 지도

대표적인 결산자료 종류와 특징

지금 여기까지 많은 기업의 사례를 소개했습니다. 여기까지 함께하신 독자 여러분이라면 슬슬 스스로 재무제표를 읽어보고 싶지 않으신가요? 마지막으로 기업분석을 시작하는 법을 소개하겠습니다.

재무제표를 읽기 시작하려면 여기부터

자기가 일하는 회사나 유명한 기업의 재무제표를 혼자서 읽어보고 싶은 분들을 위해서, 이 책의 분석사례를 활용한 대표적인 IR 자료를 바탕으로 어디서 무엇을 알 수 있을지 소개한 재무제표 지도를 준비했습니다.

● **대표적인 IR 자료의 주요 사용법**

기초분석을 하기 위해 이용　　　　　　　　　　　　정보 업데이트

① 유가증권보고서　　**② 결산설명회 자료**　　**③ 결산단신**

기업분석에 필수 불가결한 비즈니스 정보와 재무정보를 총망라해서 취득

경영자의 생각 등 유가증권보고서의 정보를 보충하기 위해 이용

기초분석 완료 후 지속해서 최신 결산 수치를 업데이트하기 위해 이용

비즈니스 모델이나 경영방침 등 기업정보를 시간을 들여 제대로 수집

1번과 2번 완료 후 최신 수치를 지속해서 업데이트

결산자료를 읽을 때 기업의 IR(Investor Relations) 페이지를 열어봤는데, 각각 다른 시기의 자료가 많아서 무슨 말인지 헤맸어요.

결산보고는 3개월(분기별)에 한 번 주기로 보고됩니다. 그러므로 최신 실적을 확인하고 싶다면 가장 새로운 결산자료를 보면 돼요.

기업을 알아볼 때 0부터 시작해야 하면 우선 무엇부터 알아보면 되나요?

유가증권보고서를 보면 됩니다. 상장기업은 꼭 제출해야 하는 자료로, 어느 회사라도 반드시 공시하고 있습니다. 기업정보를 총망라했다는 의미에서 0부터 기업을 알아볼 때 가장 추천합니다.

어느 정도 회사 정보를 알고 있다면 결산설명회 자료부터 확인하는 것도 좋지 않을까요. 결산설명회 자료에는 경영진의 의향이나 유가증권보고서에는 공시되지 않는 경영지표에 관한 정보가 실려 있으니까요.

그렇군요. 결산단신은 어디에 쓰나요?

결산단신은 속보 같은 느낌이에요. 즉시성이 있는 한편, 최소한의 정보만 기재되어 있다는 점이 특징이에요.

결산설명회 자료는 각 기업이 뜻을 모아서 주주에게 전하고자 하는 자료를 공시합니다. 그러므로 정보로서는 알기 쉬운 면도 있지만, 임의자료이므로 공시되지 않는 때도 있습니다. 한편 유가증권보고서는 정해진 양식이 있으므로 어느 기업이라도 어디에 무엇이 기재되어 있는지 원칙적으로는 같습니다. 어떤 기업이든 같은 양식을 사용하므로 비교하기 쉽다는 장점이 있습니다.

공시 양식만 알아둔다면 기업정보를 핀셋처럼 정확하게 얻을 수 있으므로 비즈니스 스킬로서는 상당히 유용하다고 할 수 있습니다. 그러나 유가증권보고서는 좋든 싫든 어려운 자료로 보이기 때문에 초보자가 갑자기 읽기에는 진입장벽이 높기도 합니다. 그래서 다음 장부터는 초보자를 위한 유가증권보고서를 읽는 법을 해설합니다. 언뜻 보면 어려워 보이지만, 한번 보는 법을 익히면 수많은 상장기업의 상세한 정보를 얻을 수 있는 길이 열립니다.

유가증권보고서의 구성

유가증권보고서 목차는 회사마다 공통

● **제1부 기업정보 목차** ··

제1부 기업정보

제1【기업의 개요】

★ 　1.【주요 경영지표 등의 추이】 … 주요 경영지표 5년분 기재
　　2.【연혁】 … 기업의 창업 경위 및 중요한 사건 등이 기재
★ 　3.【사업내용】 … 기업이 운영하는 사업내용이 기재
　　4.【관계회사 현황】 … 모회사나 자회사와 같은 그룹사 정보가 기재되어 있음
　　5.【임직원 현황】 … 평균연봉, 평균 근속기간 등 임직원 정보 기재

제2【사업의 개요】

★ 　1.【경영방침 경영환경 및
　　대처해야 할 과제 등】 … 경영방침 정보 및 목표 경영지표에 대한 정보가 기재
★ 　2.【사업 등의 위험】 … 경영성과에 큰 영향을 미칠 수 있는 위험에 대한 정보
　　3.【경영자에 의한 재무상황 분석 ※ 약칭】 … 경영성과에 대한 경영진의 견해 등이 기재
　　4.【경영상 중요한 계약 등】 … 사업 수행 시 파트너와의 중요한 계약정보
　　5.【연구개발 활동】 … 현재 진행 중인 연구개발 활동에 대한 상세 정보

제3【설비 현황】

　　1.【설비투자 등 개요】 … 이번 기기에 설비에 어느 정도의 금액을 투자했는지에
　　　　대한 내용
　　2.【주요 설비 현황】 … 현재 보유하고 있는 설비에 대한 상세 정보
　　3.【설비의 신설, 철거 등 계획】 … 다음 분기 이후 투자 예정인 설비 및 제거 계획이 있는
　　　　설비에 관한 내용

제4【제출회사 현황】

　　1.【주식 등 현황】 … 발행하고 있는 주식에 대한 정보
　　2.【자사주 취득 등 현황】 … 자사주 관련 정보
　　3.【배당정책】 … 배당에 관한 기업의 생각 등
　　4.【기업지배구조 현황 등】 … 기업지배구조에 관한 정보

제5【회계개요】

★ 　1.【연결재무제표 등】 … 그룹 전체의 결산 수치 상세
★ 　2.【재무제표 등】 … 제출회사별 개별 결산 수치

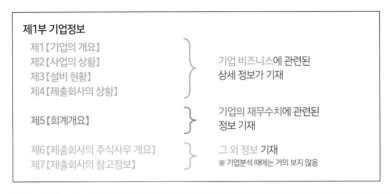

제1부 기업정보
- 제1 【기업의 개요】
- 제2 【사업의 상황】 ⎫ 기업 비즈니스에 관련된
- 제3 【설비 현황】 ⎬ 상세 정보가 기재
- 제4 【제출회사의 상황】 ⎭
- 제5 【회계개요】 ⎫ 기업의 재무수치에 관련된
  ⎬ 정보 기재
- 제6 【제출회사의 주식사무 개요】 ⎫ 그 외 정보 기재
- 제7 【제출회사의 참고정보】 ⎬ ※ 기업분석 때에는 거의 보지 않음

※ 한국에서는 '증권신고서'라는 명칭으로 매년 공시 의무가 있다. 내용은 일본의 유가증권보고서와 유사하나 세부 항목이 조금씩 다르다.

유가증권보고서는 공시의 양식이 정해져 있습니다. 따라서 언뜻 보기에는 많은 정보량에 압도당할 것 같지만, 어디에 어떤 정보가 기재되어 있는지만 기억하면 원하는 정보를 골라서 얻을 수 있습니다. 〈유가증권보고서의 기업정보 구성〉 도표에 이렇게 게재된 정보에 대해 정리했습니다.

유가증권보고서는 ① 제1부 기업정보, ② 제2부 제출회사의 보증회사 등 정보, ③ 감사보고서, 세 가지 부분으로 구성되어 있습니다. 기업분석에서 특히 중요한 부분은 ① 제1부 기업정보입니다. 특히 제1부 기업정보 중에서도 기업분석에서 주로 이용하는 부분은 다음 다섯 개 항목입니다.

제1 【기업의 개요】　 … 기업의 전체상에 대해 알고 싶을 때

제2 【사업의 개요】　 … 사업에 관한 상세 정보에 대해 알고 싶을 때

제3 【설비 현황】　 … 기업이 보유하는 설비 정보를 알고 싶을 때

제4 【제출회사 현황】　 … 주식이나 경영진, 경영방침에 대해 알고 싶을 때

제5 【회계개요】　 … 결산 수치를 자세하게 알고 싶을 때

이 중에서도 기업을 깊게 파 보고 싶을 때 특히 읽어야 할 포인트를 〈제1부 기업 정보 목차〉 도표에 별모양으로 표시했습니다.

 그 부분을 중점적으로 살펴보면 되겠네요.

유가증권보고서를 기준으로, 어떻게 정보를 수집할까?

실제로 유가증권보고서를 기점으로 0부터 기업정보를 알아보는 순서의 사례를 소개하겠습니다. 읽는 법은 목적에 따라 각양각색이므로 여러 가지 방법의 하나로 참고해주세요.

1단계 비즈니스 정보를 정리하자

유가증권보고서의 기업정보에는 비즈니스 정보(사업이나 기업에 관한 정성정보)와 재무정보(숫자와 관련된 정량정보), 두 가지가 게재되어 있습니다. 숫자를 보기만 하면 비즈니스의 내용을 떠올리는 상급자들은 바로 재무정보를 봐도 문제없지만, 초보자들은 우선 비즈니스 정보를 중심으로 보는 것을 추천합니다.

 그러고 보니 갑자기 숫자를 봐도 전혀 모르겠어요.

2단계 재무정보를 비즈니스 정보로 연결하기

사업의 내용이나 임직원 정보, 보유하는 설비 등 비즈니스 정보를 한 번 쭉 훑어보았다면, 우선 그 사업에 어떤 숫자가 있는지 상상해보세요. 설비를 많이 보유했다면 자산의 금액이 커지기 쉽고, 임직원이 많지만 제대로 이익을 내고 있는지 등을 생각해보면 충분합니다. 그 후 재무정보를 확인해서 자신이 생각한 숫자가 맞아떨어졌는지, 그와는 완전히 다른 숫자인지 확인해주세요.

① 비즈니스 정보

- 어떤 사업을 하고 있는가
- 사업 리스크에는 어떤 것들이 있는가
- 임직원은 몇 명인가
- 어떤 설비를 보유하고 있는가
- 어떤 분야에 투자하고 있는가

② 재무정보

- 얼만큼 매출을 내고 있는가
- 얼만큼 이익을 내고 있는가
- 자산의 규모는
- 재정 상태는
- 자금순환에 문제는 없는가

모르는 기업을
알아볼 때는
우선 비즈니스 정보부터
모을 필요가 있다.

 처음부터 전부 맞추는 사람은 거의 없겠지만, 익숙해지면 서서히 자신이 생각하던 대로 정확도가 높아지니 좋네요.

 상상하던 것과 다른 부분은 더욱 원인을 깊게 파고들면, 일상생활에서는 파악하기 힘든 기업이 돈을 버는 방식을 알아챌 수 있을지도 모르겠네요.

 이렇게 1단계와 2단계를 반복하기만 해도 분석의 정확도는 점점 높아집니다!

기업정보를 알아보는 훈련과 분석력을 높이는 훈련을 동시에 할 수 있으므로 어디서 시작해야 좋을지 몰라 답답한 초보자분들은 꼭 참고해주세요. 익숙해지면 조금씩 결산설명회 자료나 결산단신(유가증권보고서와는 달리 짧은 내용을 빠르게 공시하며 증권거래소의 강제 규정을 적용받는다. 한국에는 유사한 제도는 없으나 각종 공시 등을 증권거래소 등에 신고하도록 의무가 규정되어 있다-옮긴이)도 훑어보는 것을 추천합니다.

회계는 최고의 지적 모험!

여기까지 읽으시느라 수고하셨습니다. 엄청난 분량의 대장정을 마쳤습니다. 이 정도의 분량을 전부 읽은 당신의 머릿속에는 여러 가지 기업 사례가 축적되었겠지요. 재무제표를 통해 기업을 읽어보는 재미에 심장이 뛰지 않으셨나요?

재무제표는 단순한 문자나 수치의 나열이 아닙니다. 기업의 비애가 그대로 담긴 이야기가 있고, 기업활동으로 만들어진 상품이나 서비스가 사회나 사람들에게 미치는 영향에 대해서도 기술된 문서이기도 하며, 각 회사가 있는 힘껏 만들어낸 비즈니스 모델이 농축된 자료이기도 합니다.

이번 책에서 가장 고심했던 부분은 실전편으로서 얼마나 매력적인 자료로 만들지는 당연하고, 기업분석 따위 관심 없는 사람에게도 그저 읽기만 해도 재미있는 책, 스스로 조금 더 재무제표를 읽어보고 싶다는 관심을 갖게 할지 고민했습니다. 저는 늘 기업을 분석할 때는 이 회사가 어떤 부분에서 돈을 벌고 있는지 궁금해하면서 합니다. 독자 여러분도 이러한 감각을 비슷하게 체험하셨으면 좋겠다는 마음에 글을 쓰기 시작했습니다. 결과적으로 엄선에 엄선을 거듭해 고른 사례들을 통해 재무제표를 도구로 사용하면서, 비즈니스가 이렇게 재미있다는 감각을 조금이나마 느끼셨다면 충분히 만족합니다.

마지막이지만 첫 번째 책과 마찬가지로 이 책에서도 많은 분의 협력을 얻었습니다. 담당 편집자인 가도카와의 구로다 미치호 씨, 일러스트를 담당해주신 와카루 씨, 복잡한 요소인 이 책을 멋진 디자인으로 만들어 주신 호소야마다 디자인 사무소의 카시와구라 미치 씨, 섬세하고 날카로운 교정을 해주신 쿠라이도 문자공방의 교정 담당자분들, 신속하면서도 의지가 되는 조판을 해주신 포레스트 씨, 다수의 그림을 매력적으로 만들어 주신 에무라 씨, 스즈키 씨, 인쇄소 시코쿠샤켄, 데지칼 여러분, 매일 절치부심하는 버핏코드 길드 멤버 여러분, 언제나 갑작스러운 제안에도 늘 방송에 함께 해주시는 기업분석 해커씨와 똑똑한 청취자 여러분, 저희들의 브레인인 기시모토 씨, 언제나 무리한 부탁임에도 불구하고 따라와 주는 Funda 여러분, 트위터나 인스타그램에서 회계 퀴즈에 참가해주시는 분들, 그리고 제가 소속된 가운데 최고의 커뮤니티인 파이낸스 랩 여러분들. 어느 한 사람이라도 없었더라면 이 책은 완성되지 못했을 겁니다. 이 자리를 빌려서 감사 인사드립니다.

2022년 5월

저자